左派・リベラル派が勝つための経済政策作戦会議

松尾匡
「ひとびとの経済政策研究会」

左派・リベラル派が勝つための経済政策作戦会議

装丁　柴田淳デザイン室

目次

Ⅰ　なぜ反緊縮政策なのか　松尾　匡

Ⅰ　なぜ反緊縮政策なのか

松尾　匡

（1）安倍政権に勝つための課題は経済政策

この会の基本的テーマは、自民党・公明党に対していかに勝利をしていくかということにあると思いますので、そのつもりでお話をしていきます。

若い世代の関心は「景気・雇用」

去年（2018年）の新潟県知事選挙で、ご存知のように池田千賀子さんが大変惜しかったのですが、推薦した政党は立憲民主党から国民民主党、共産党、社民党、自由党……と、野党勢ぞろいです。そして連合も推薦したという、すごい揃い踏みの大共闘が組まれたのですが、残念ながら負けてしまった。

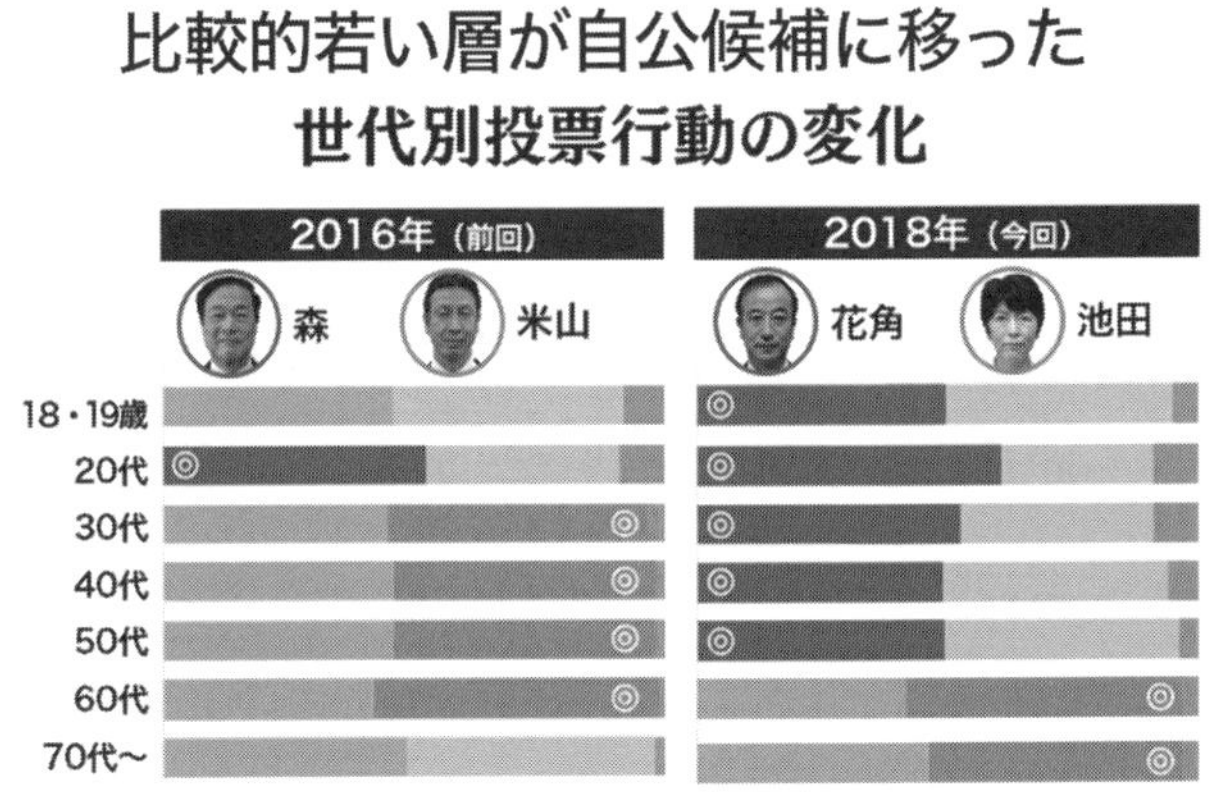

NHK公式サイト内
https://www.nhk.or.jp/politics/articles/feature/5611.html

前回（２０１６年）の米山隆一さんですが、あの当時、民進党系の政党は、公式には推薦していなかった。それに連合も推薦していなかったという状態です。でも、勝ったんですね。その勝った時から比べると、（池田さんは）約２万票も減っている。これが何でだろうという話です。

ＮＨＫのホームページの解説を見ますと、出口調査で年代別の投票行動が載っています。ご覧いただくと分かるように、前回の米山さんは20代では負けているけど、他の世代ではすべて勝っている。それが今回、比較的若い世代の50代以下で、自民党、公明党の候補の方が勝っている。比較的若い世代が、与党側に移っているということです。特に20代

「景気・雇用」が現役年代の重視する政策

新しい知事に期待する政策（2018年）

	景気雇用	医療福祉	教育子育て	農業産業振興	防災対策	原発安全対策
18・19歳	34%	22%	11%	5%	3%	25%
20代	41%	9%	31%	4%	1%	14%
30代	31%	8%	46%	4%	1%	10%
40代	37%	13%	29%	3%	1%	16%
50代	44%	20%	9%	3%	2%	21%
60代	29%	26%	9%	5%	1%	30%
70代〜	20%	34%	6%	6%	2%	32%

NHK 公式サイト内
https://www.nhk.or.jp/politics/articles/feature/5611.html

は、前回も負けてはいるんですが、より負け方が激しくなって、今回は2：1くらいですね。半分になっている。向こうに対して半分ということです。それほど差が開いているのです。

それはなぜかということですが、どんな政策に期待するのかという話になります。同じくNHKのホームページで調べてみると、比較的若い世代、50代以下の世代は、一番重視するのは「景気・雇用」なんですね。「景気・雇用」に、政策的に一番期待している人の比率が高い。30代に関しては「教育・子育て」ですが……30代くらいならそれは当然ですね。しかしその30代も、「景気・雇用」はやっぱり高いんです。31%の人がそれを望んでいる。それと比べると、60代以上の世代はちょっと違う。この「どんな政策に期待しているか」で、先ほどの世代別の得票率の違いが出てきているのが窺える。

それに先立つ4月に京都府知事選挙があり、福山和人さんという、共産党だけが国政政党としては支持した候補がいて、確かに負けてはいる。負けてはいるが……前回の2014年の府知事選で、共産党一党が推薦した候補とそれ以外というまったく同じ構図での戦いになった時は、共産党候補の得票は30・96％でした。今回福山和人さんは同じく国政政党としては共産党一党だけが推薦していて、勝った対立候補は自民党、民進党、公明党、立憲民主党、希望の党がゾロゾロと皆で推薦していた。そういう知事選挙で、44.1％と、すごく迫っていたわけです。まさかというような迫り具合で、左京区では勝っていたのですが――前回の候補より10万票上積みしているんですね。しかも、京都新聞の報道（4月16日サイト）によれば、福山さんは20代30代からの得票だけを見ると勝っているということなんです。さっきの池田さんの話と逆ですね。若い世代で勝っている。なぜだろうか。

福山さんの公式サイトを見てみると、たとえばこんなことが載っています。『時給1500円へ、ブラック・ゼロ京都を』『働く人、中小零細企業、大企業がウィンウィンで税収もアップ』『地元密着型の公共事業を積極的に進める』――田中角栄さんなどの公共事業型の自民党の政策に対して野党の人たちが反対したという歴史の中で、それ以降なかなか革新系の人たちの中からこういう声が出ることはなかったと思いますが、それを前面に掲げているのです。

『時給1500円へ』という話の中身ですが、府の発注事業の条件を時給1500円以上にするという目玉の公約があります。その他、中小企業支援策とワンパッケージにして最低賃金の引き上げを掲げるとか、そういうことが書かれています。それで「何億円、何億円と入ってきてこういうことに使えます」と、具体的な数字を掲げて根拠を示しているわけです。その結果、地域経済が活性化して上昇するので、税収がこれだけ増えて……という話です。

当選を決めるのは経済公約

それから、玉城デニーさんの圧勝の話です。8万票の差でした。これも、なんでだろうということになります。

一つは、それに先立つ翁長県政での、著しい経済発展がありました。実質経済成長率が全国1位、県内総生産が1・1倍になり、県民所得も1・1倍になっているなど、いろいろありますが、特に失業率です。これまで沖縄の失業率は他の都道府県と比べて段違いに高い状態が続いていて、異常値みたいなものだから、都道府県別のデータの間の分析をする時には外しておくような存在だったのです。いちばん不況が酷かったときで、全国平均が５%台だった時に７%台とか、そういう数値でした。ところが、２０１２年に６・８%の失業率だったのが、２０１８年７月には２・８%にまで改善しています。直近はもう少し下がっていると思いますが、フォローしてなくてすみません（季節変動はあるが、19年２月に２・１%を記録した）。つまり、ほとんど全国平均に近づいているということです。そういう状態だからこそ、別に基地なんかに頼らなくてもやっていけるんですよ、基地があるせいで経済発展の妨げになっているんです、という主張が説得力を持ってきた。

それにプラスして、玉城さんは前向きの、経済が拡大することを積極的に訴える政策を掲げました。縦貫鉄道や観光といった形で発展させますとか、あるいは保育料、給食費を無料にしますといった、民衆の生活に直接関わるところにお金を使って、直接生活を良くしていくという公約です。あとは最低賃金上げますよ、とか非正規から正規へとか。まだまだたくさん載せていて、選挙戦略的にもひじょうに参考になります。こういった前向きの公約を、きれいに見やすくネット上にたくさん出していて、見ていると気持ちがいいんで、キリがないのでこのへんでやめます。

それで、玉城さんの得票を年代別で見るとどうだったかというと、10代20代では負けているのですが、その差はわずかです。たぶん10代は誤差の範囲だと思います。20代もちょっと負けていますが、誤差の範囲に近いと思います。他の世代は全部勝っています。池田さんの場合の20代で半分しか取れなかったのと比べると、明らかに違うわけです。

新潟の池田さんの公式サイトに載っている経済公約は、『〃真の豊かさ〃を実感できるにいがた』と題した本文70字の抽象的文章、これだけです。それに対して、対立候補の、勝って知事になった花角英世さんの経済政策は、とてもたくさん書いてある。多すぎて読みにくいという戦術的な問題はありますが、それはともかく細かく具体的に書いてある。読んでみると、本当にすごく発展するんだなあという気持ちになってくることが書いてあるんですね。花角さんの得票が増えれば増えるほど、新潟に公共事業がやってくる、という感じでガンガン攻めてきたわけです。それに勝てなかったということですね。

そこで前回の知事選の話に戻りますが、米山さんの選挙の時のサイトが残っていて、これを見ると、「雇用の責任」という項目を設けて政策を具体的に挙げています。「雇用の責任」というのはすごく良い言葉だと思います。失業している人とか職がない人、もっといい職に就きたい人がたくさんいて、そういった人たちが何とかしてほしいと思っている。それに対して、新潟の利便性の向上でこういうふうに発展しますとか、起業を支援しますとか、新産業の促進とか、働く環境の向上とか……いろいろと挙げている。そういう前向きの経済政策を掲げているわけですね。

米山さんは、自分の選挙中のブログにこんなことも書いています。『公共事業のための公共事業の森候補か、人と暮らしのための公共事業の米山か』。公共事業はダメですよとは言っていなくて、福山さんもそうですが、地域密着型で地元に職が作られ、地元の人の暮らしを豊かにするための公共事業をするという説明です。もう一度振り返って池田さんを見てみると、これだけ?ということになります。最初に選挙結果を見た時には「ああ、惜しかった」と思いましたが、これを見ると「よくあれだけ取ったものだ」という気持ちになってきます。福山さんや玉城さんのような経済公約を掲げていたら、新潟は間違いなく勝っていただろうと思います。

ところが、そういう経済公約を掲げるのではなく、逆に池田さんは何をしていたかと言えば、新潟県に小泉（純一郎元首相）さんが講演にやってきたところに駆けつけて、激励を受けていたということです。小泉さんにあやかった人には『破滅のジンクス』というものがあって、細川護熙さんも小池百合子さんも結局悲しい末路になってしまいました。小泉さん自身はすごく人気があったから、手を組んだら票が入ると思っていたのかもしれませんが、実は逆なのです。小泉さんによって人生を狂わされた人は世の中にいっぱいいて、その人たちは怨嗟の的になっているんですね。そういうことに、感覚としてセンシティブじゃないといけないと私は思います。

若者は右傾化しているのか

そこで、内閣支持率についてです。

一時期なんだかんだと責められて落ちていたのですが、基本的には上がっています。直近では、あまりに国会で酷いことをやったものだから少し下がっている。ただ、下がってはいるけれど、基本的には高い部類にまだある。あれだけ国会でめちゃくちゃなことをやっておきながら……と考えると、やはりまだまだ高いですね(2019年5月上旬時点では、内閣支持率は上昇しつづけている)。

それから自民党の支持率も、直近では下がっていますが、基本的に高いです。他の野党をみんな束にしても、まだ全然届かないという状態です。立憲民主党は、ここに議員さんがたくさんいらっしゃっているので申し訳ないですが――最近は上がっています。もっと上がってほしいと思いますが――基本的には下がっている状況です（この講演のあと、また下降に転じた）。

安倍内閣の支持率は上がったり下がったりしていて、私たちは一喜一憂していますが、これを見ると（次頁）それまでの内閣の支持率と比べて、基本的には高いんです。高い状態で推移している。それ以前の不支持率と比べると、基本的には不支持率は低い。長期的にそういう状態で推移していることが分かります。

それから、これはよく報道されているので皆さんご存じかと思いますが、若い世代ほど自民党に入れているということです。ＮＨＫの出口調査では、特に20代は50％が自民党に入れています。

それから、内閣支持率も、若い世代ほど高いということですね。朝日新聞のデータでは、29歳以下では支持率56％で不支持が22％。産経新聞の、これまでの安倍首相の政権運用を評価するかという質問では、男性では10代20代の73・2％が評価している。女性でも10代20代は61・5％が評価すると答えています。若い世代はやはり、安倍内閣への支持が高い。

安倍内閣は民主党政権より確然と支持率高い

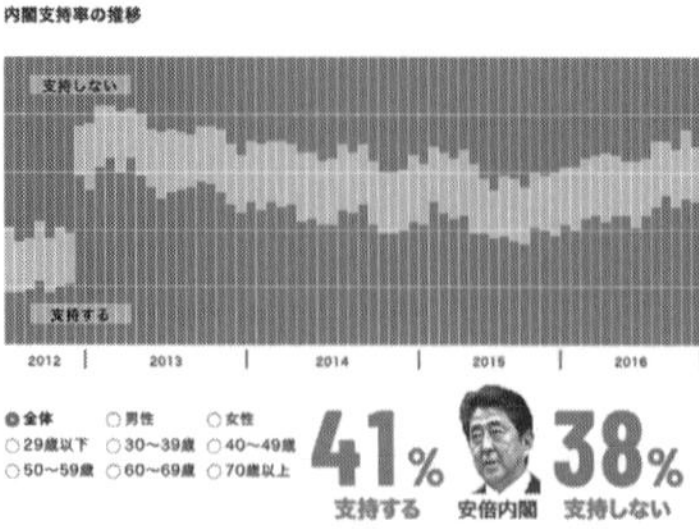

直近の調査100回分。調査対象は有権者。棒グラフの薄い灰色部分は、「その他・答えない」男女別、年代別の内閣支持率・不支持率も見ることができます。

〈朝日新聞世論調査〉

朝日新聞公式サイト
http://www.asahi.com/politics/yoron/

若い世代ほど総選挙で自民党に投票した

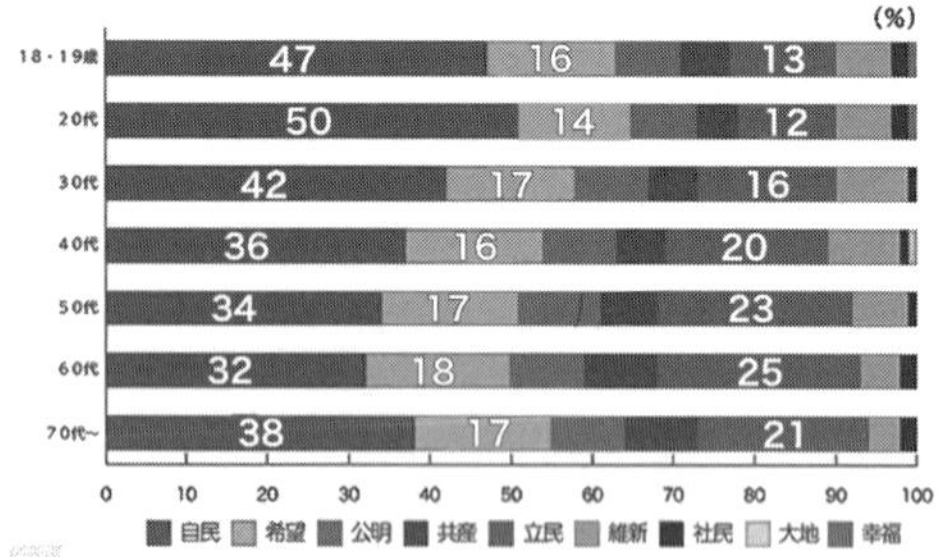

NHK NEWS WEB https://www3.nhk.or.jp/news/web_tokushu/2017_1024.html

若い世代ほど内閣支持率は高い

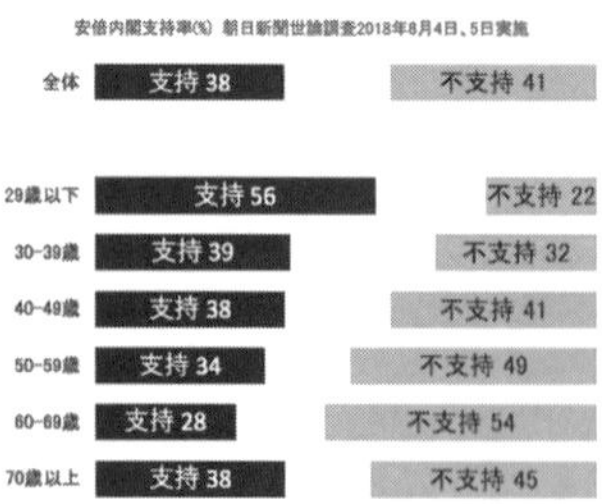

http://www.asahi.com/politics/yoron/より作成

これまでの安倍首相の政権運営を評価するか(%)

産経・FNN合同世論調査2018年7月21日、22日実施

	評価する	評価しない	他
総計	44.6	45.0	10.4
男性計	51.2	42.6	6.2
10·20代	73.2	21.1	5.6
30代	50.7	39.7	9.6
40代	50.5	46.2	3.3
50代	56.9	37.5	5.6
60代以上	40.7	52.5	6.8
女性計	38.4	47.3	14.3
10·20代	61.2	31.3	7.5
30代	31.4	50.0	18.6
40代	28.4	50.0	21.6
50代	38.0	45.1	16.9
60代以上	37.7	50.9	11.4

産経新聞公式サイト
https://www.sankei.com/politics/news/180723/plt1807230025-n1.html

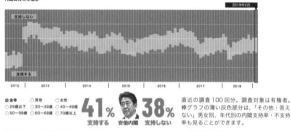

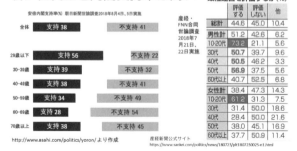

https://www3.nhk.or.jp/news/special/kenpou70/yoron2017.html より作成

自民党にもたくさん入れているということです。

では、若者はやはりそれだけ右傾化しているのか、保守化しているのかという話です。確かにそんなふうに思うことは多くなっている。ネットを開くと若い世代と思われる人たちがヘイトな書き込みをたくさんしているし、若い者がみんな右傾化しているな……みたいな気持ちになってきますが、本当にそうかということです。

２０１７年３月のＮＨＫの世論調査ですが、憲法９条を改正する必要はないと答えた割合は、若い世代ほど改正反対、改正する必要はないと答えた人が多いです。もっとも直

内閣府「外交に関する世論調査」
2018年10月

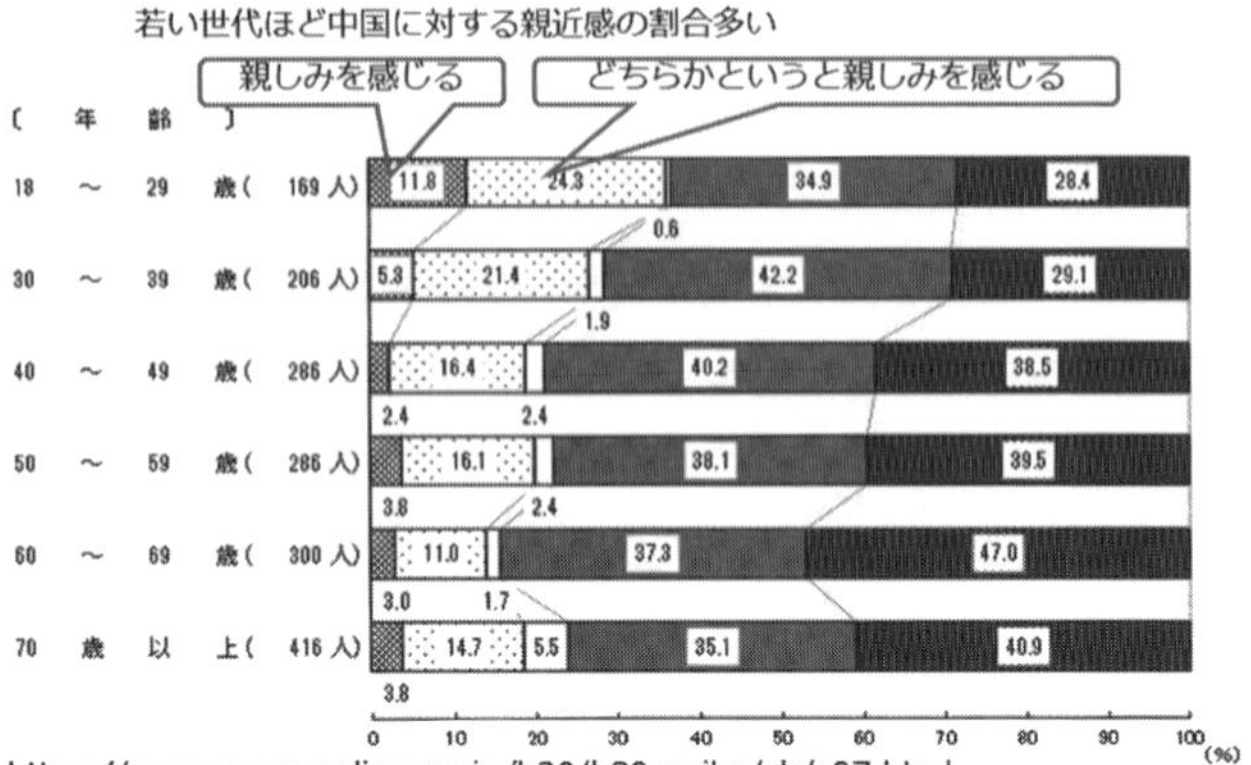

https://survey.gov-online.go.jp/h30/h30-gaiko/zh/z07.html

近では逆になってきているらしくて、ぼやぼやしているうちに盛り返されてしまった感じがありますが、少なくとも２０１７年の時点では若い世代ほど憲法改正、９条の改正に反対の方が多かったわけです。

　また、これは毎年出ていて毎年変わりませんが、内閣府の調査で「中国に関して親しみを感じるかどうか」という質問があります。そうすると、「親しみを感じる」と「どちらかというと親しみを感じる」を合わせた割合が、若い世代ほど多いです。世代が上がるほど少なくなります。

　韓国もそうです。「親しみを感じる」「どちらかというと親しみを感じる」を合わせた割合が若い世代ほど多くて、世代が上がるほど

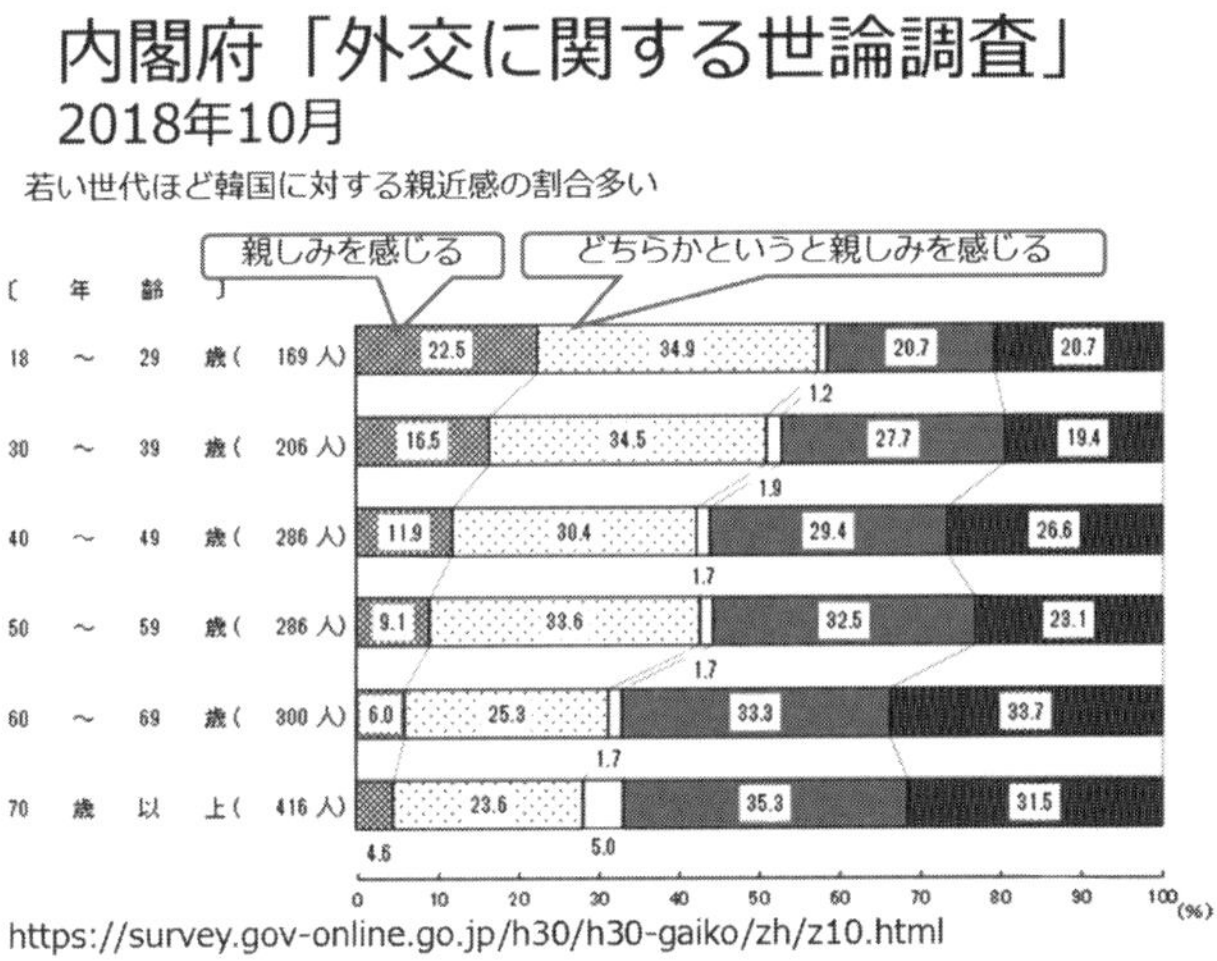

少なくなります。

そういうことなので、若い世代ほど嫌韓嫌中の人が多くて中国や韓国に対してヘイトな書き込みばかりしているというイメージがあるかもしれないけれど、実際にはそうではない。だから若者の右傾化説というのは間違いです。若者は右傾化していないんです。

若者に限らず、安倍内閣のやってきた政策は、特に賛否が分かれるようなものは、ほとんどいつも反対の世論の方が多かったんです。安倍首相のもとでの憲法改正には反対の方が多いし、長距離巡航ミサイルも、テロ等準備法案も、駆け付け警護も……カジノも反対が圧倒的に多いし、年金制度の改定法案も「評価しない」が多い。そのように何もかも反対の方が多いことを、ずっとやってきた。もちろん森友学園問題とか加計学園問題というのは、内閣に対して批判的な世論の方がやはり圧倒的に多いです。そんな状態がずっと続いてきたのです。

なぜ内閣支持率が高いのか

にも関わらず、なぜ内閣支持率がずっと高いか。

そこで政治に関する世論調査、これは何回やっても同じ結論が出るのですが、何に一番関心があるか、どういう政策を一番重視すべきかということを訊くと、1位が社会保障、2位が景気と雇用です。この1位2位は不動のトップ2で、ずっと変わりません。それで3位は、子育て支援などが続いています。憲法の問題とか安全保障の問題とかはずっと下です。人びとはやはり景気の問題を敏感に考えているということ。特にアベノミクス評価ですが、安倍内閣に対する評価として、アベノミクスに対する評価は相対的に高い。2017年12月19日の朝日新聞によれば、「評価する・どちらかというと評価する」を合わせたのが38%で、「評価しない」が29%。

2016年参院選で10代が重視した政策

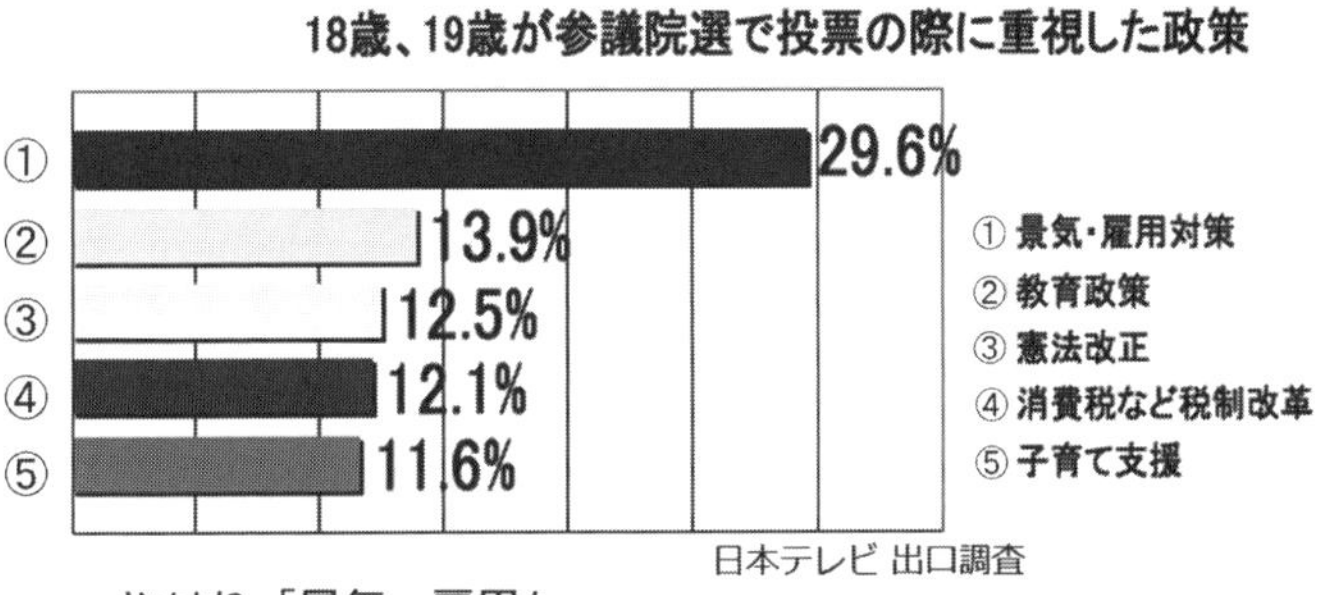

やはり「景気・雇用」

http://www.news24.jp/articles/2016/07/11/04335010.html

参院選で10代が重視した政策

18歳、19歳のアベノミクス評価は？

日本テレビ 出口調査

http://www.news24.jp/articles/2016/07/11/04335010.html

すべての年代を合わせると「評価する」が
「評価しない」を上回ったのはわずか２ポイント差

特に若い人です。2016年の参議院選挙の日本テレビの出口調査で、18歳19歳が重視した政策は何か、これは全世代平均と比べても圧倒的に特徴があります。つまり景気・雇用対策が一番というのがダントツなんです。同じ出口調査でアベノミクスをどう評価するかと聞くと、「評価する」が「評価しない」をかなり上回っています。すべての年代を合わせると「評価する」が上回ったのはわずか2ポイントで、そのくらいなら誤差のうちだけど、若い人はそうではない。圧倒的に差がある。

そこで実際有権者はどう感じているかということですが、日銀が3か月に1回、生活意識に対するアンケート調査というものをやっていて、結構参考になります。「今景気が良いと思うか」「一年前と比べて景気がどうだとあなたは思いますか」といったようなことを訊いているものです。このような報道が単発で出されると、景気が良いと答えている人が少ないのを見て「アベノミクスに対する不満がこんなに高まっている」などと思って前途に希望を抱くわけですが、ところがそうではない。というのも、「景気が良い」と答える人は、いつだって少数派なのです。いつだって多くの人は「景気悪い」と答える。聞いた話でちゃんと調べてはいないのですが、バブル時代にも「景気が良い」と答える人は少数派だったらしいです。

有権者は景気をどう実感しているか

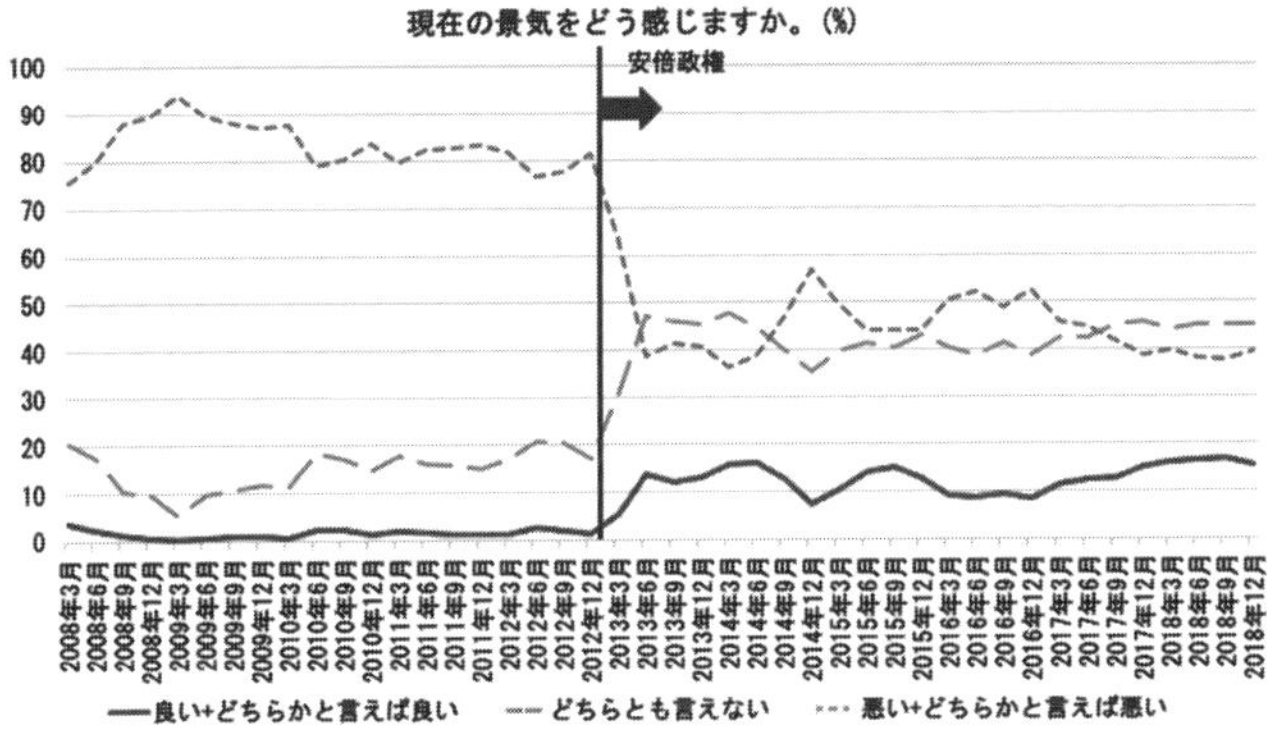

日本銀行「生活意識に関するアンケート調査」

一年前と比べてどう感じるか

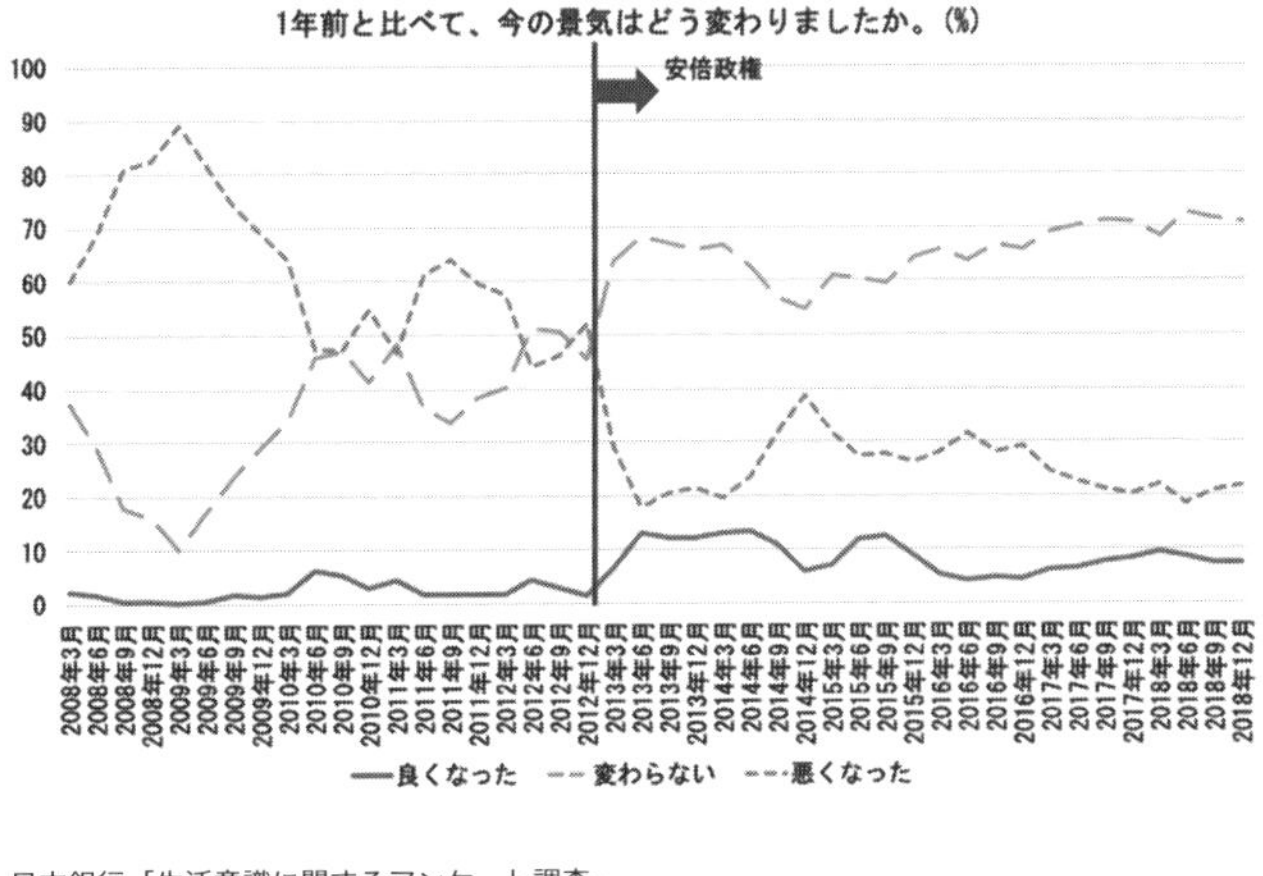

日本銀行「生活意識に関するアンケート調査」

そういうことなので、こういうものを単発で見ても仕方がないから、時間を通じて見ないといけないんですね。そうすると、「良い」と「どちらかといえば良い」を合わせたものは少数派には違いないものの、安倍政権ができてから跳ね上がっていて、その水準を基本的には維持している。そして直近では上がっている。一方、「悪い」「どちらかというと悪い」を合わせた数値は、民主党政権時代はひじょうに高かった。それが安倍政権になるとガクンと落ちて、落ちた状態で基本的には維持している。そして「どちらとも言えない」と答える人は、これは消極的な支持みたいなものです。これが安倍政権時代に入るとポンと上がって、その状態で維持している。日銀の調査にはいろんなものがあって、今述べたのは「今どう感じるか」ということについてです。また一年前と比べてどう感じるかという話もあります。それもほぼ同じ結果です。

また、アメリカの民間調査会社が日本で調査したものもあります。そちらもやはり「今の景気をどう感じますか」で、「大変良い」と「幾分良い」を合わせた数が民主党政権時代は低迷していて、安倍政権になってからポンと上がっている。逆に「大変悪い」と答える人が民主党政権時代に非常に多かったのが、安倍政権でどんどん下がって、基本的に低い数値で維持している。直近ではやはり景気が良いという答えが増えていて、景気が悪いと

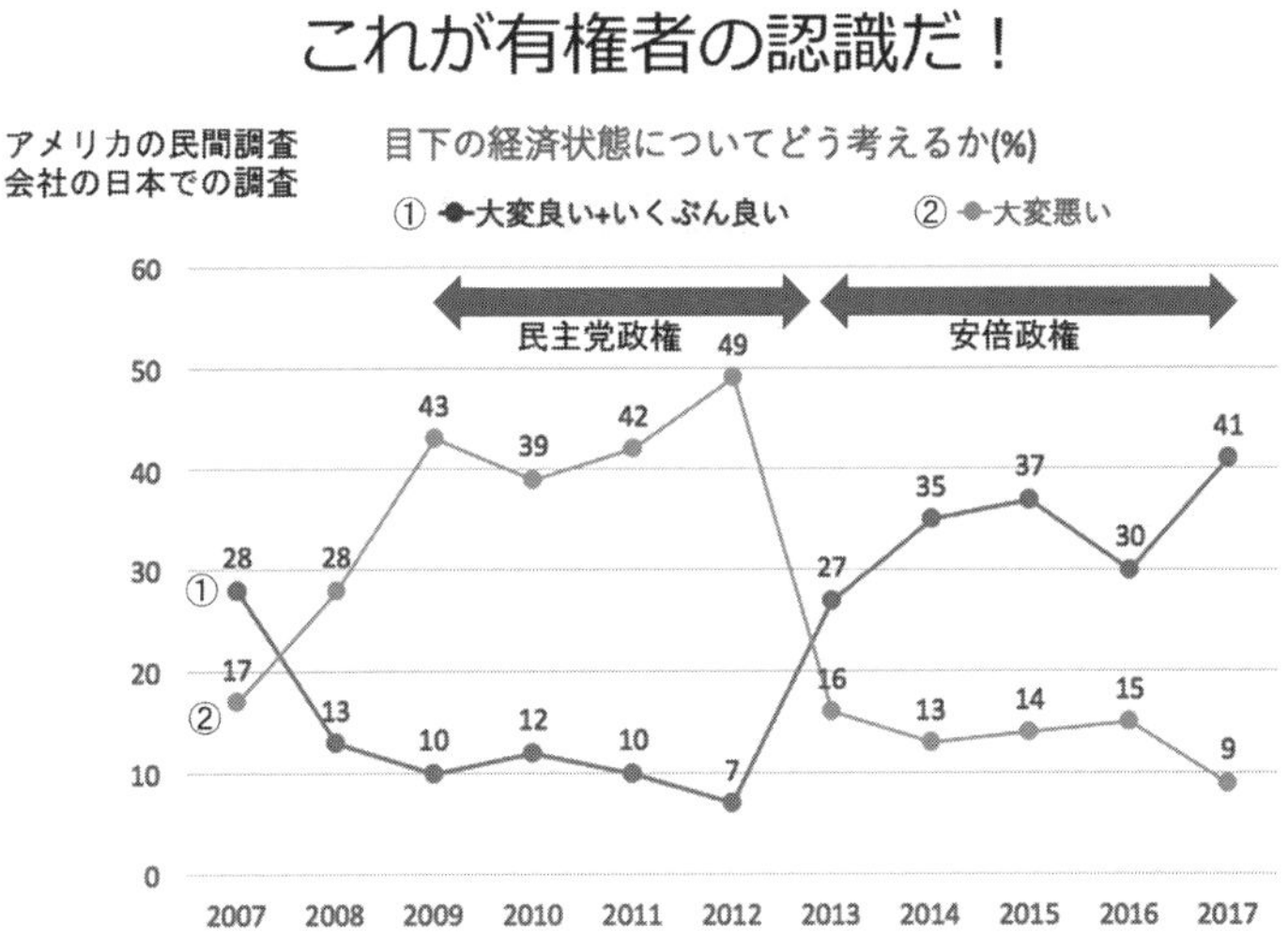

Pew Research Center, "Japanese Divided on Democracy's Success at Home, but Value Voice of the People," Oct. 2017, より筆者作成。
http://assets.pewresearch.org/wp-content/uploads/sites/2/2017/10/09123749/Pew-Research-Center_Japan-Report_2017.10.17.pdf

いうのが減っているという状況にある。

さらに『国民生活基礎調査』の、今の暮らしが苦しいか、ゆとりがあるかという質問です。「ゆとりがある」と答える人は圧倒的少数派ですが、「苦しい」がやはり安倍政権になってからわずかに改善しているんですね。民主党政権の始まる前の年がリーマンショックの起こった年ですが、現在、その時よりも「苦しい」と答えた割合は減っているということです。2014年は消費税引き上げの年で、その時は少し増えていますが、基本的にはわずかですが安倍政権下で減っていることが分かる。安倍政権に反対する人たちは、安倍政権下で経済状況がどんどん

さっきの「国民生活基礎調査」のグラフをもっと長期で見るとこうなっている。

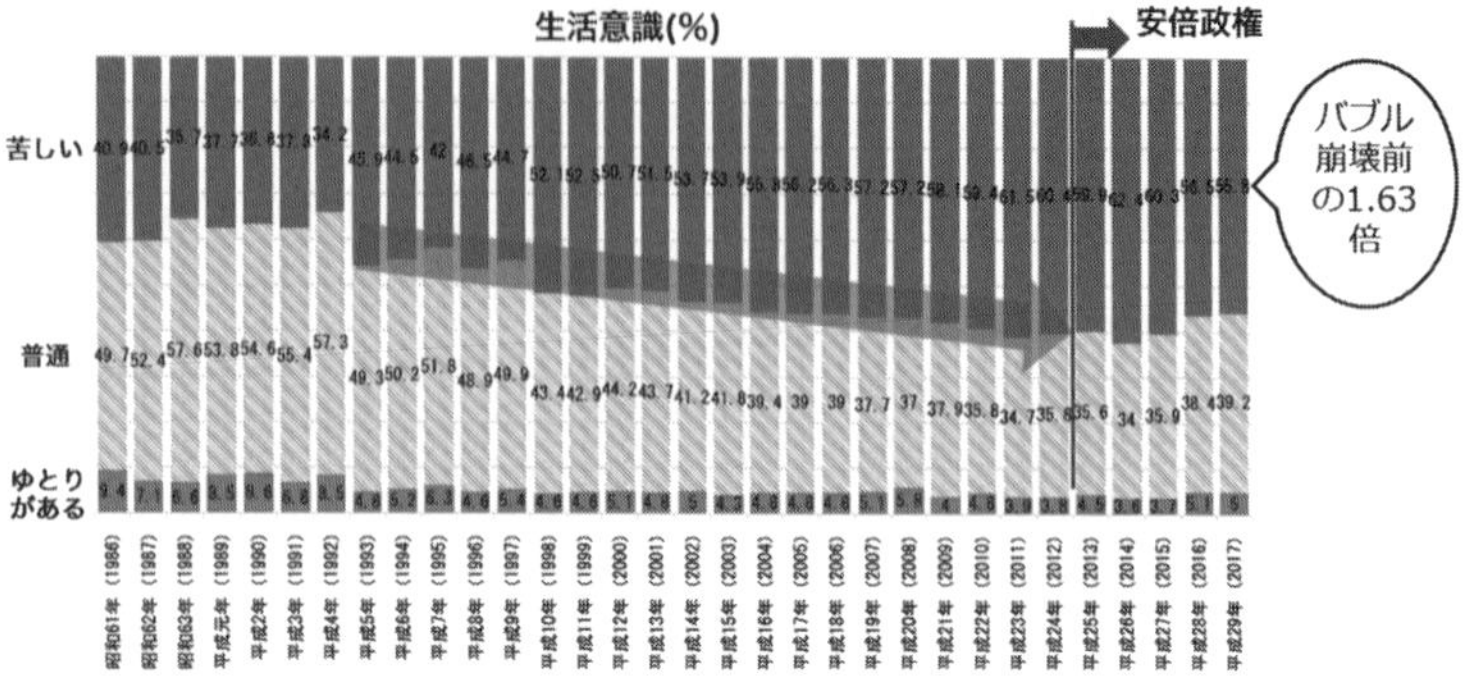

悪化しているということを考えがちですが、実際人々が感じているのはこうなんだということです。

なぜ人々がそう感じているのかということを考えるには、その前の小泉改革と長期不況、その傷がいかに深かったか、そういうことが分からなければいけない。

同じ調査結果を、1986年、バブル景気の始まった年から見ていきます。そうすると、1991年はバブル崩壊の年なのですが、この翌々年に「苦しい」と答える人がガンと増えていて、そのままずっと増え続けている。そして1998年頃がデフレ不況突入ですね。その頃もっとガンッと増えて、またどんどん増えていく。そうしてここまでずっと増え続けていったわけです。

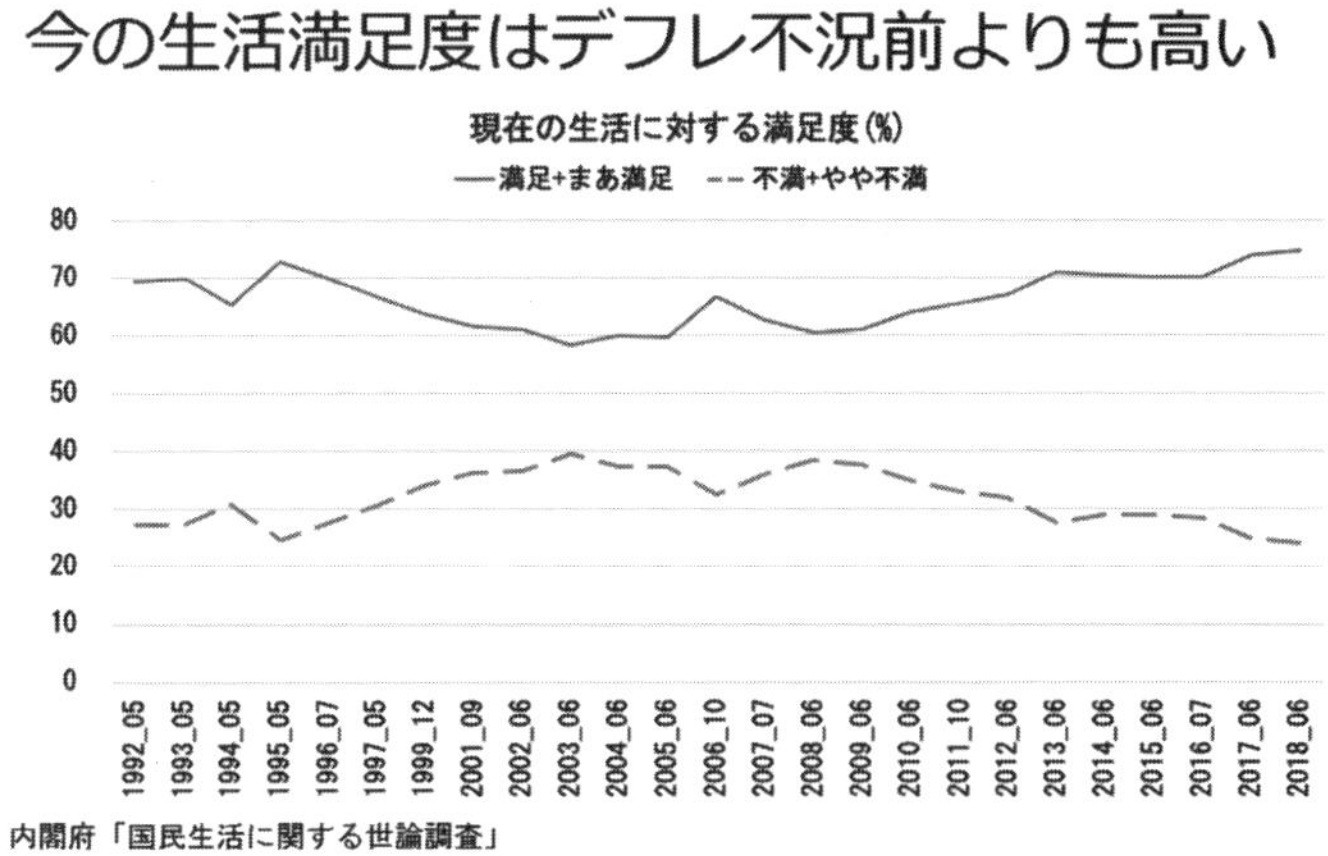

先ほど安倍政権下でわずかに改善していると言いましたが、「苦しい」と答える人の減り方は、本当にわずかです。本当にわずかではあるが、それに先立つ時代というのがどんどんどんどん悪くなっていった時代で、それがあまりにも長期にわたり続いた、その中で期待が下がったということですね。だから、ちょっとの改善でも「これはすごいことだ」とみんな感じてしまう。実際を言うと、バブル直後の絶頂期は「生活が苦しい」と答えている人は34・2％です。それと比べると、直近、2017年の55・8％というのはすごく高い。まだまだ苦しいとは思っているけど、そこで「今生活に満足していますか」というような調査を取ると、「満足している」が7割以上いくんです。この割合は、デフレ不況前より高くなっています。

去年と比べた生活の向上感は明らかに若い世代ほど大きい

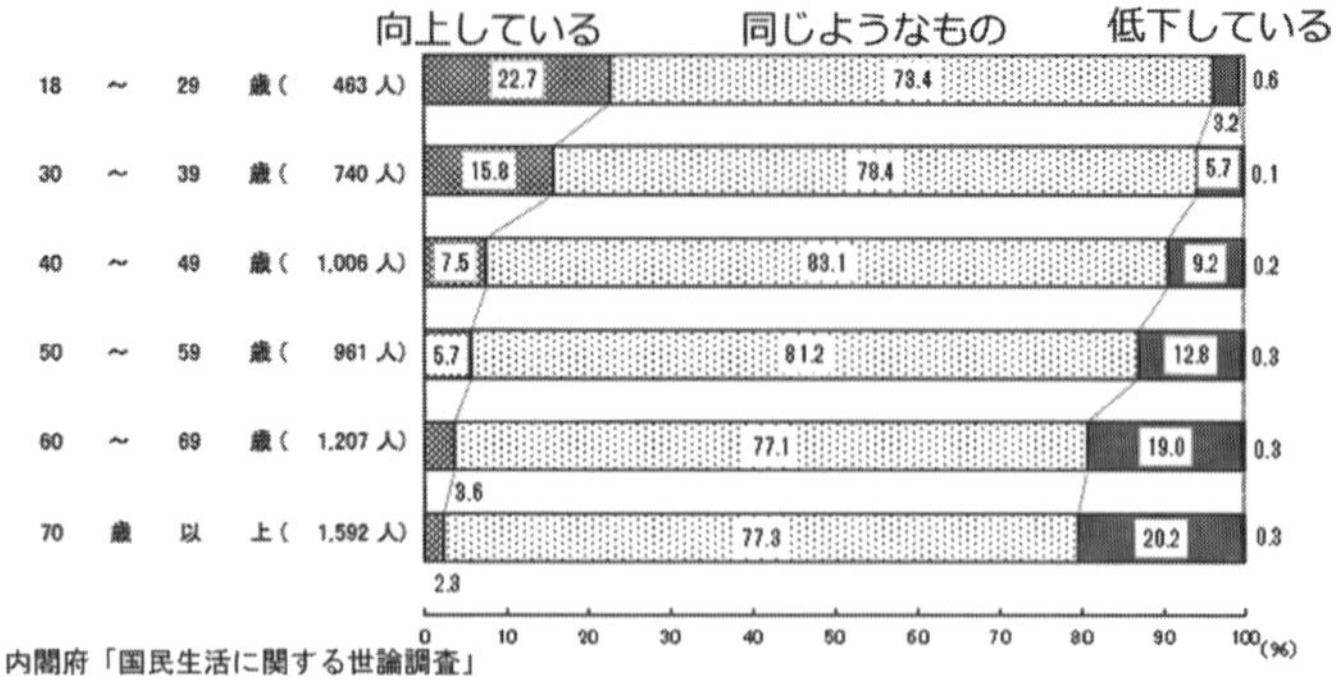

内閣府「国民生活に関する世論調査」

特に年代別で見ると、若い世代ほど、去年と比べた生活の向上感が明らかに大きくなります。

今出現しているのは古典的「窮乏」

どれだけ厳しい状態にあったのかというひとつの例として、私が若い頃には『飽食日本』などという言葉がありました。一人あたり栄養摂取量は、戦争直後の1946年から統計があって現在まで揃っているのですが、2011年くらいがいちばん酷くて、その頃は一人あたりのエネルギー摂取量が戦後すぐの水準に満たないんです。タンパク質の摂取量は、1950年代の前半の水準です。もちろん、食生活が高度化していくと、ご飯ばかり食べるわけではなくなりますから、一人あたり

「飽食日本」は過去の話

- エネルギー、タンパク質の平均摂取量は低下し続けていた。
- 現代のエネルギー摂取量は敗戦後すぐの値以下。タンパク質は1950年代初頭のレベル。
- 2011年が最低

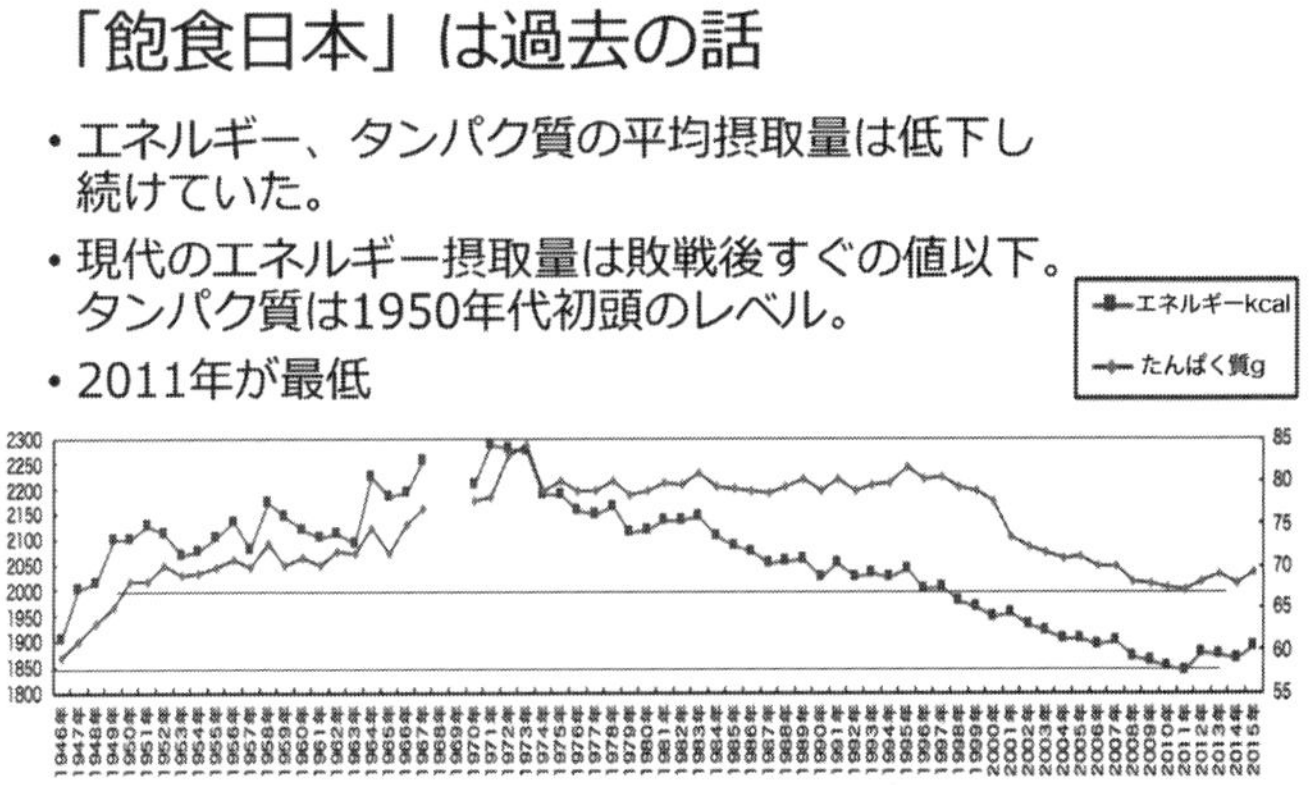

厚生労働省「国民健康栄養調査」、国立健康・栄養研究所「国民健康の現状」

のエネルギー摂取量は減っても当然なので、多分この1970年代後半くらいの減っているところは、その食生活の高度化のせいだと思います。とはいえ、タンパク質も今世紀に入って一人あたりの摂取量が減っているんです。これは高度化のせいではないと思います。

それから、高齢化すると食べる量は減りますから、日本全体で平均するると高齢化しているのだからエネルギー摂取量が減るというのも当然だという反応があるかもしれない。でもこれは、20代に限っても減っているんです。厚生労働省が定めた基準があるのですが、それにも満たない状態です。失業率が上がっているときはずっときているんですね。失業率が下がっているときはエネルギー摂取量が減っていて、失業率が下がっているときはエネルギー摂取量が増

・20代を見ると、今世紀不況時代はやはり厚労省基準に満たず、しかも失業率に連動

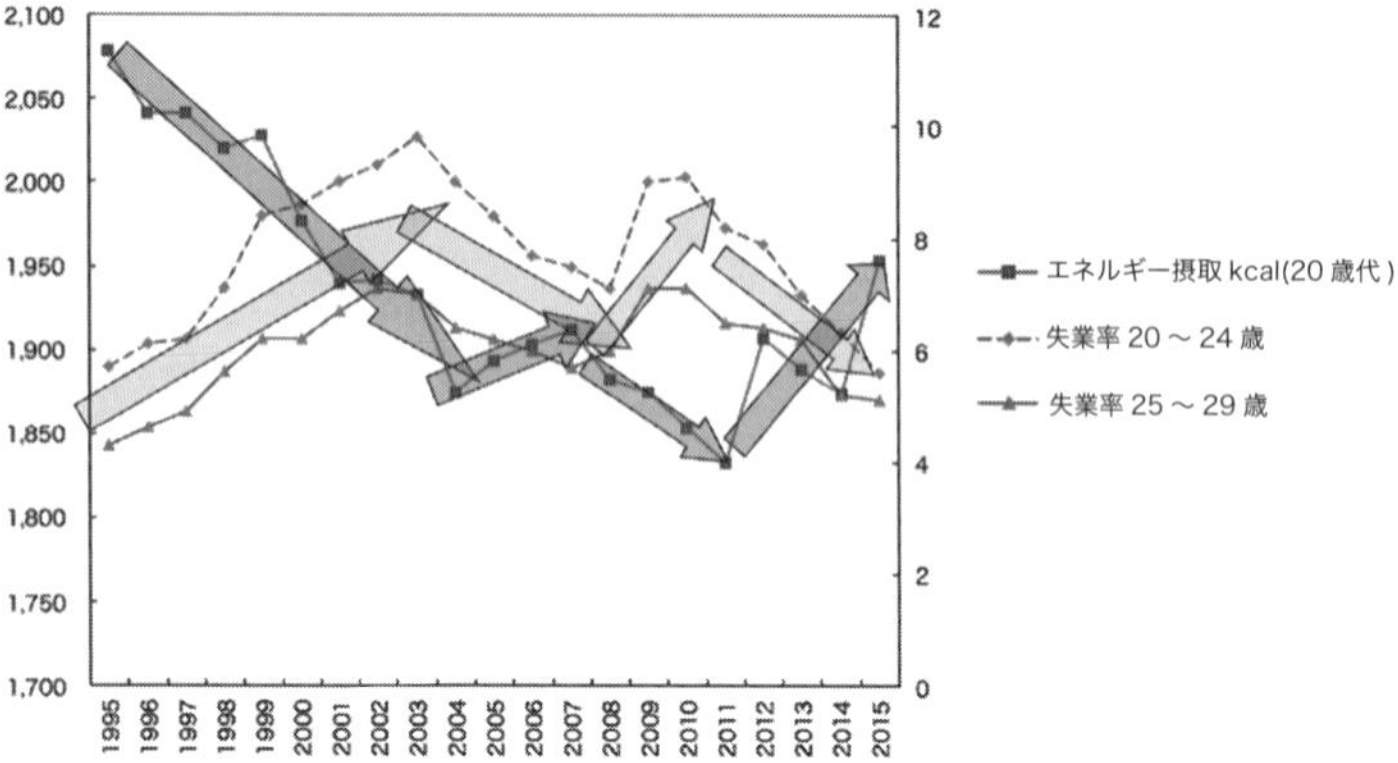

厚生労働省「国民健康栄養調査」、総務省統計局「労働力調査」

えて、また失業率が上がるとエネルギー摂取量が減って、また失業率が下がるとエネルギー摂取量が増えている。要は、失業して食べていけなくなってエネルギー摂取量が減っているということ。これは平均値ですから、平均値自体が失業率にひじょうに敏感に反応して動いている。だから実際に失業している人はどんな食生活になっているのかということです。

私の若い頃までは、「窮乏化論」というのがあった。昔の資本主義批判のマルクス経済学の人などが、資本主義が発展すればするほど労働者階級は貧しくなっていくという窮乏化論を唱えて、私たちの若い頃はそんなものは古くさい教条主義者が言うも

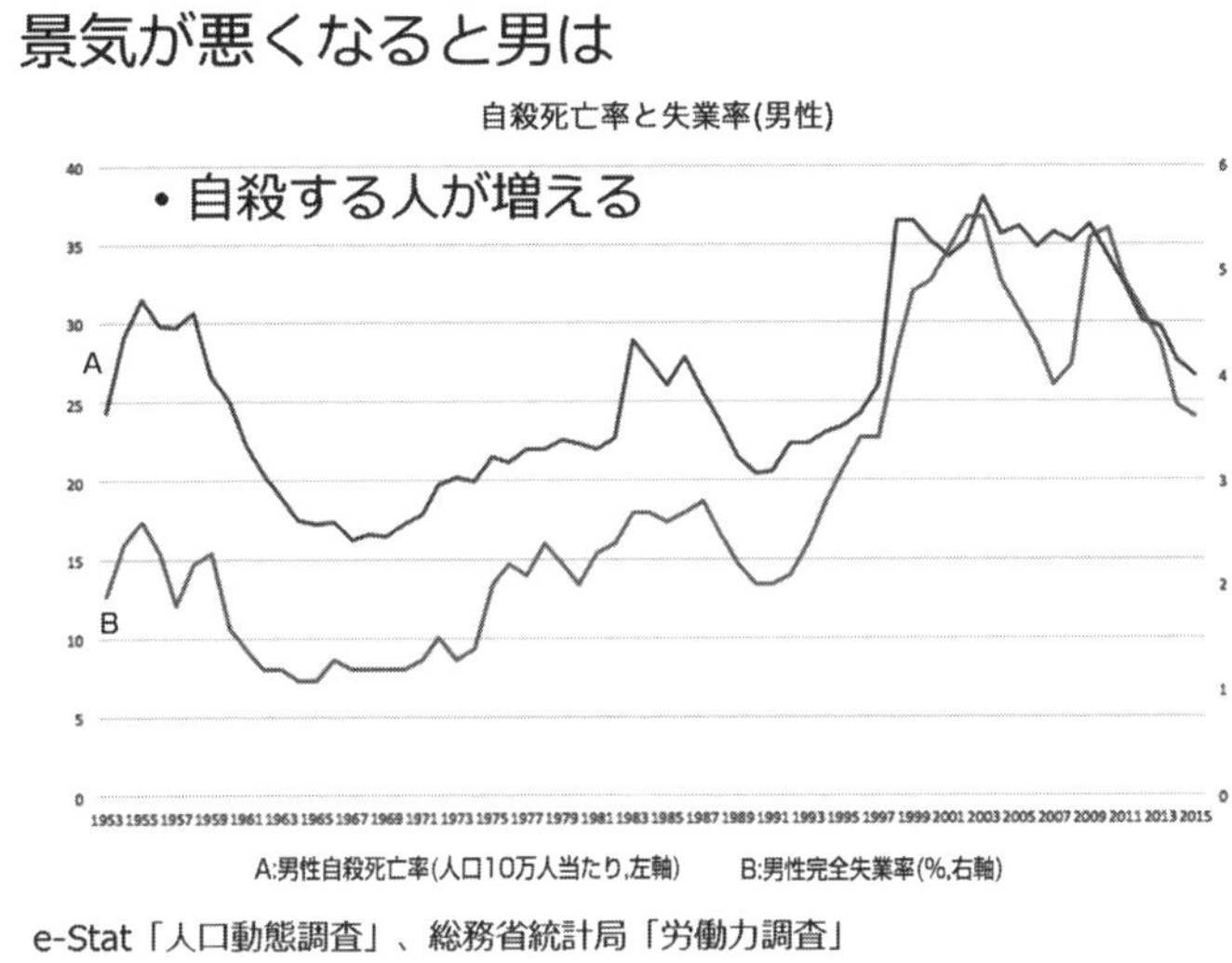

e-Stat「人口動態調査」、総務省統計局「労働力調査」

のだと言われて馬鹿にされていた。ところが、今出現しているのはまさにその、本当の古典的「窮乏」です。そういうことが、この間見られてきたのです。

それを示す例は多いのですが、ここでは典型的な例として、自殺の話をします。特に男の人なのですが、男性の自殺による死亡率と男性の失業率はひじょうによく相関します。１９５０年代、53年から現在まで失業率のデータがありますが、長期にわたって安定した相関関係にあります。きれいに同じ形をしています。１９９８年に本格的なデフレ不況に突入してから完全失業率が全体として５％台に上がるわけですが、そうすると、それに合わせて自殺死亡率がガンと上がるんですね。全体として、年間３万人台の自殺者が続くという時代が続いていて、不況が大きく影響していたということです。だから不況というのは、本当に人の命に関わることなんです。人を殺すわけです。

特に「ロスジェネ」と言われる世代の問題がありますね。就職氷河期――小泉さんが政権についた２０００年代の初め、21世紀の冒頭に就職活動をする時期が当たった人たちが特にそうですが、全然就職先がなくて、いわゆるフリーターみたいなことを余儀なくされてきた人たちです。

そういうロスジェネの人たちは今とても厳しい状態にあって、いわゆる高齢フリーターと言われる人たちです。それがどんどん増えている。そういう状態に置かれると、細切れの状況の中で一生懸命働かなければいけなくて、技能の蓄積もできないし、フリーターをやっているということ自体がハンディキャップになって就職で不利になる。その後景気が回復して、自分の後輩がスイスイと就職するのを尻目に、ずっとそういう状態を続けなければいけない。そういう人たちが日本全国にたくさんいて、その人たちがそろそろ正社員になるのは年齢的に限界に近づきつつあるという、ひじょうに深刻な問題がある。この人たちが将来、年金などがどうなるか、健康保険がどうなるかというすごく大きな問題になります。

また貯蓄ゼロの世帯の割合ですが、特に40代の人たちの貯蓄ゼロの世帯がどれくらいの割合でいるかというと、２００７年あたりと比べて、２０１６年になるとボーンと上に行っています。そういう世代が現在日本には存在していて、非常に苦しい状態にあるということです。

経済状況は安倍政権前よりよくなった

そこで、これを民主党政権が救えたか、安倍政権以降どうなったかという話です。

名目ＧＤＰと就業者数をグラフに取ると、これもひじょうにきれいに相関します。それを見ると明らかなのですが、やはり民主党時代は低迷していて、安倍政権に入ってからどんどん増えている。就業者の数ですが、年次データとしては１９９７年に就業者数６５５７万人をつけて、翌年からデフレ不況に突入します。その後長くこの値に達することはありませんでしたが、２０１８年にとうとうこれを抜いて、史上最高値６６６４万人を記録しました。

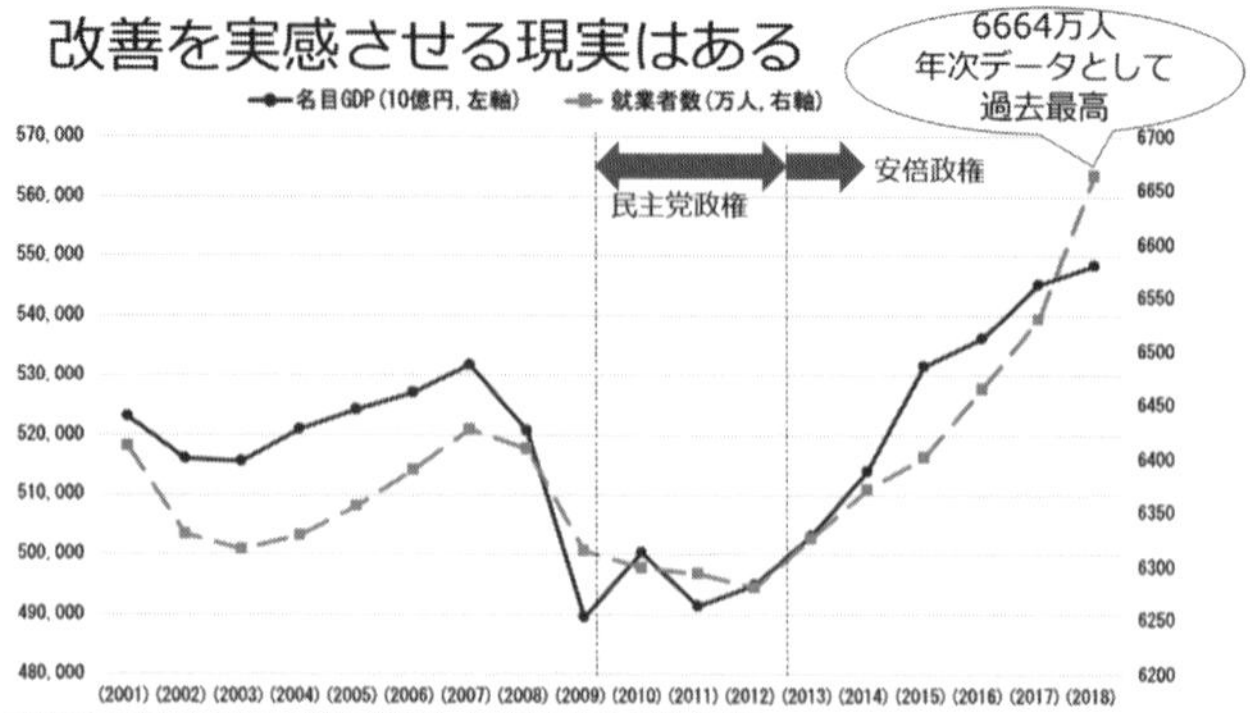

内閣府GDP速報2018年10-12月期1次速報　総務省統計局「労働力調査」

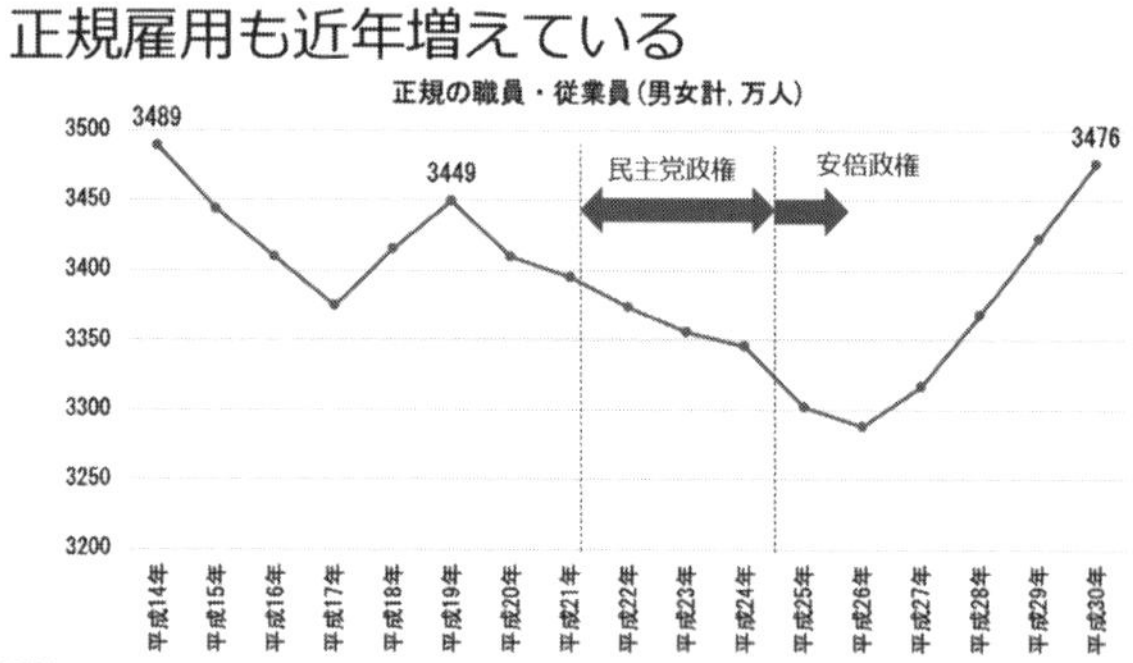

総務省
「労働力調査」

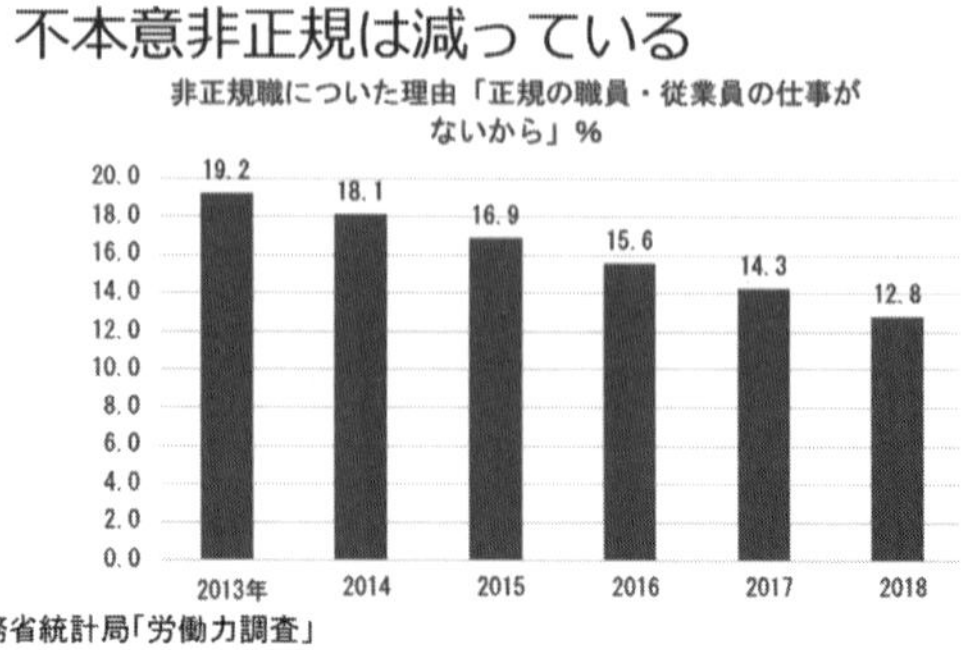

総務省統計局「労働力調査」

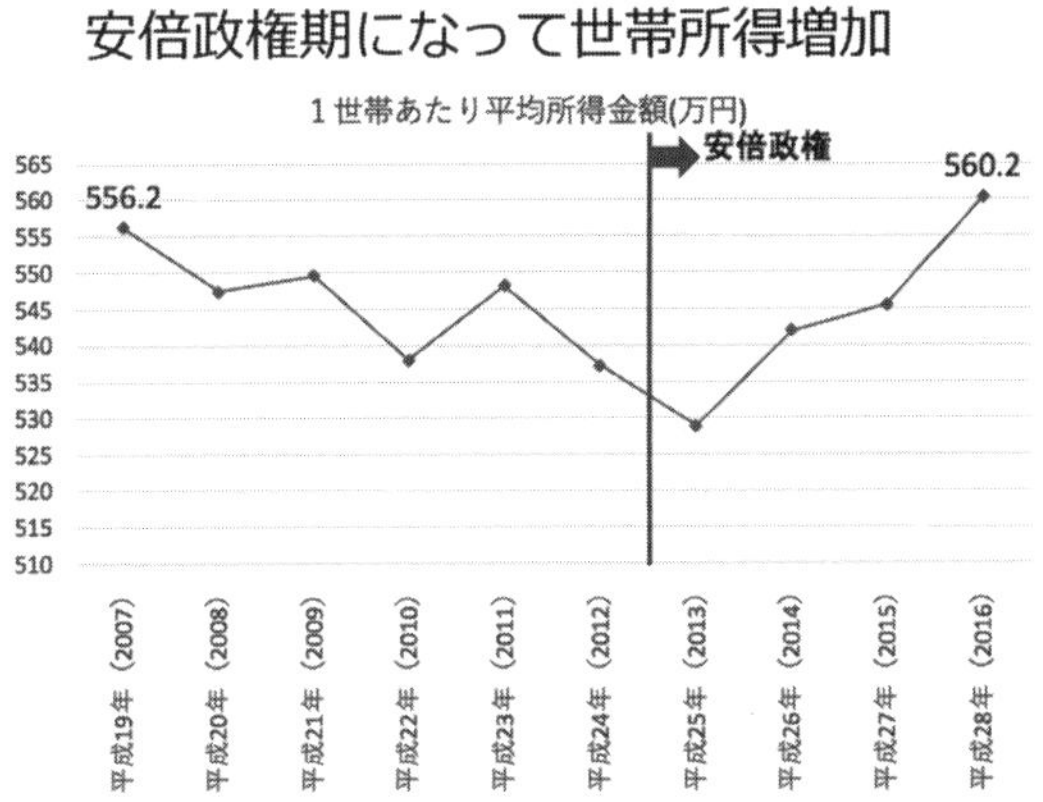

平成29年 国民生活基礎調査

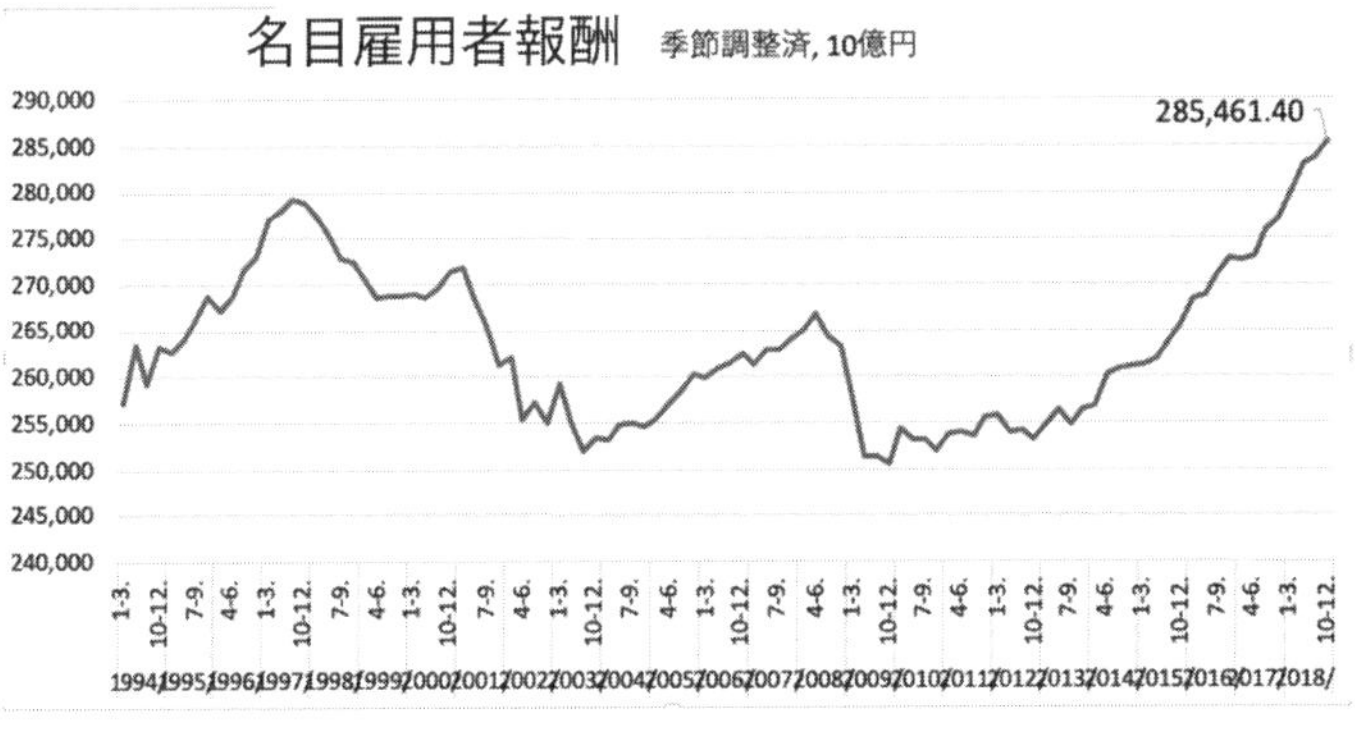

内閣府　四半期ＧＤＰ速報

賃金は民主党政権期低迷・安倍政権になって漸増

民間平均給与(男女計, 千円, 1年を通じて勤務した給与所得者)

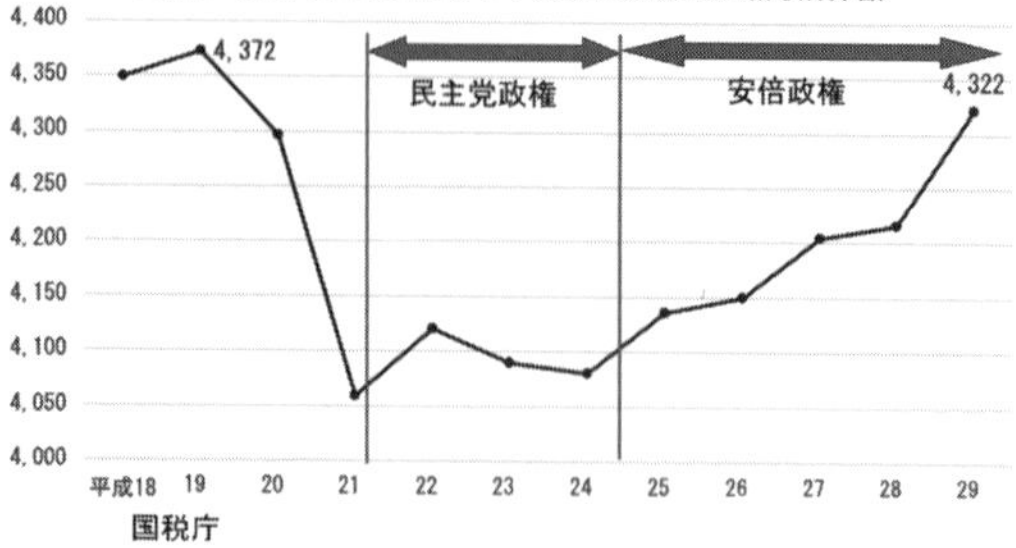

国税庁

初任給は安倍政権になって増加。特に高卒

新規学卒者初任給の推移(千円, 年は平成)

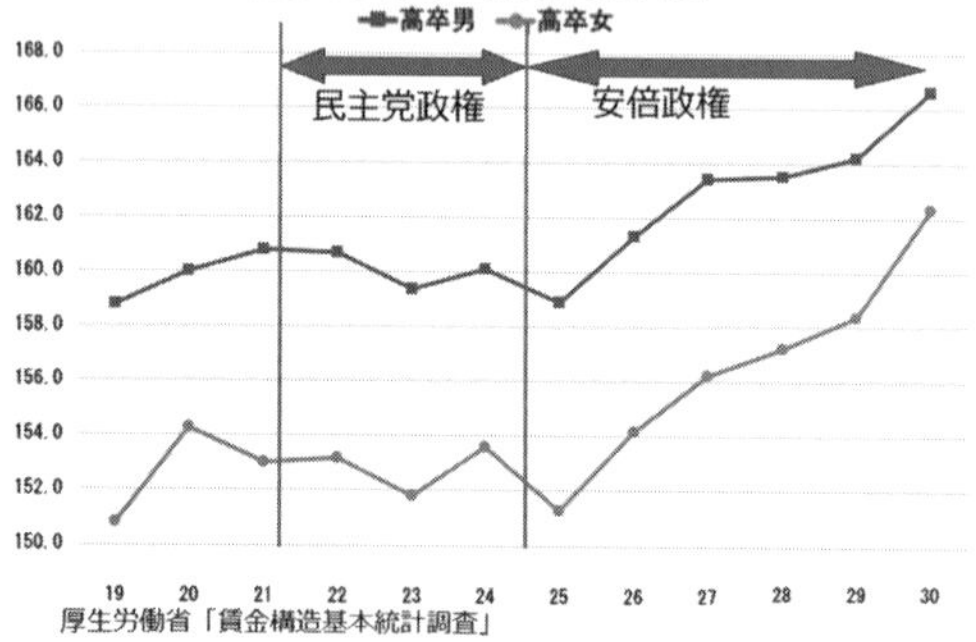

厚生労働省「賃金構造基本統計調査」

学生にとっては就職が一大事

4月段階就職状況の推移(大学卒業者)

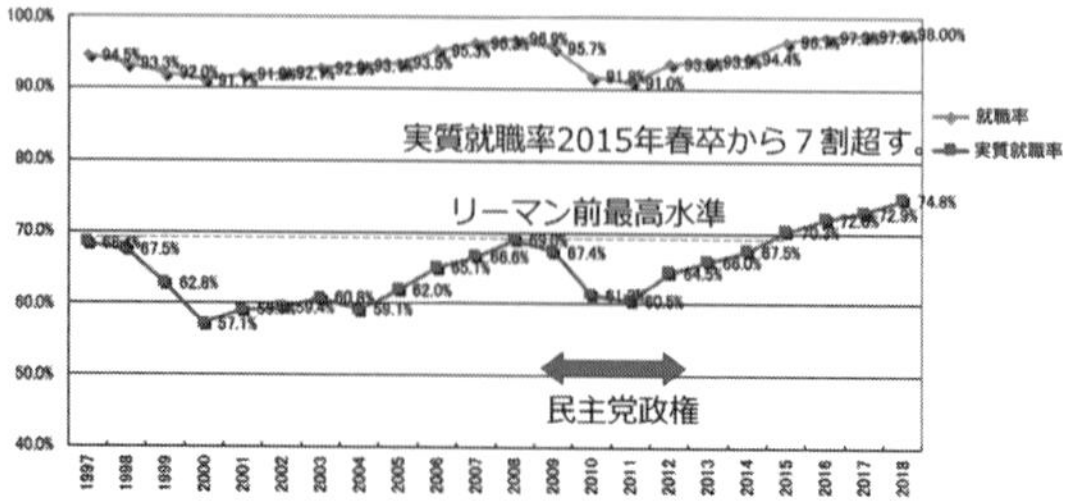

厚生労働省　大学等卒業者の就職状況調査

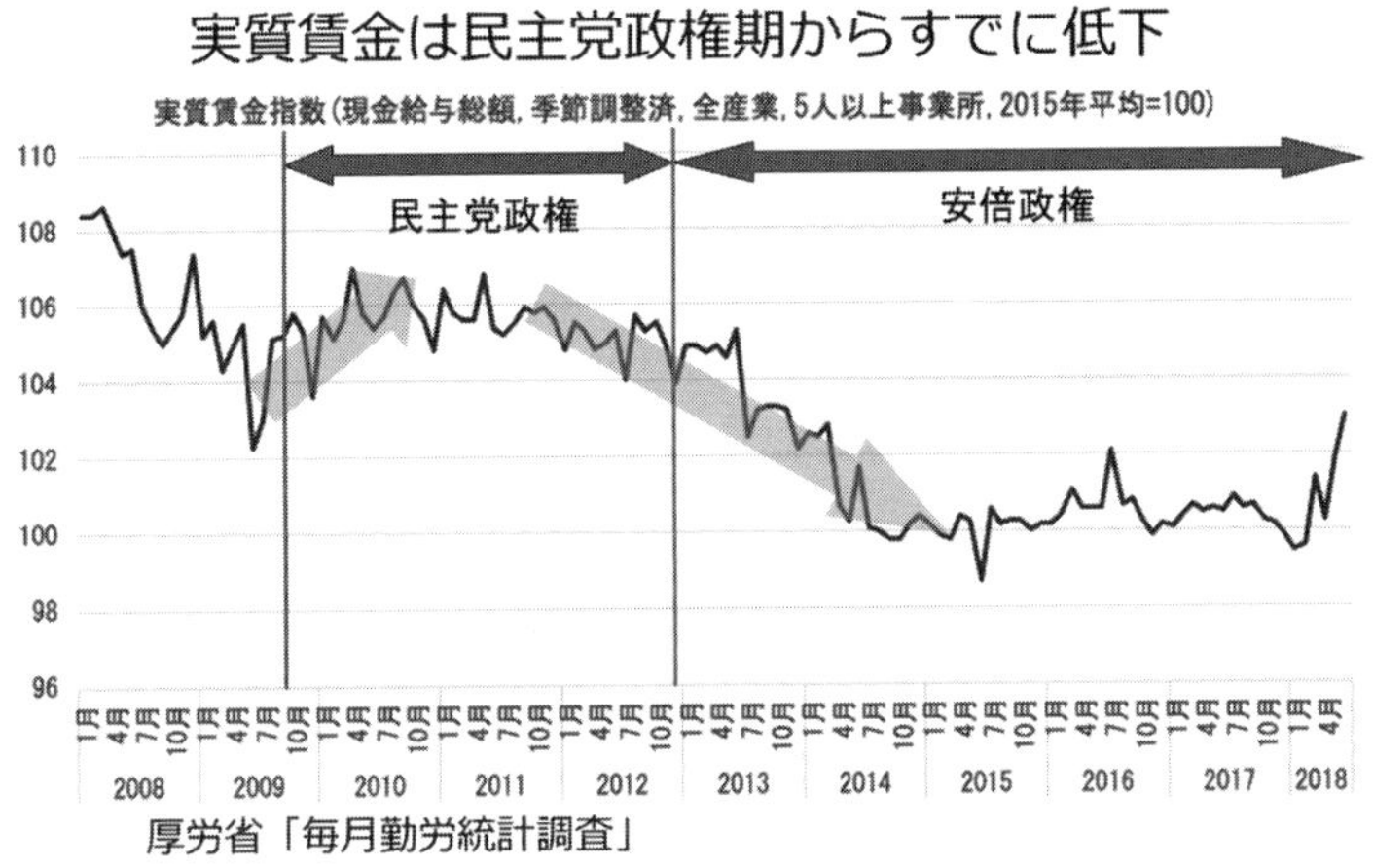

それから正規雇用に関しても近年増えています。２０１８年の数字は、とうとうリーマンショック前の値を追い越しました。

不本意非正規、つまり非正規職に就いた理由が正規の従業員の仕事がないからだという人のパーセンテージも、やはり安倍政権下で減りつつある。

それから、賃金の総額。世の中の賃金の総額は民主党政権時代にやはり低迷し、安倍政権になってからどんどん増えていて、現在過去の最高値は超えています（このデータの素材に、統計不正が問題になった毎日勤労統計調査の賃金データがありますが、これは２０１７年まで実際より低く出ているので、本当はもっと高いということになります）。

それから世帯所得ですが、やはり安倍政権が始まってから増加しています。

それから民間の平均給与ですね。民主党政権時代低迷して、安倍政権時代になって増えている。そんなに大した増え方ではないですが、増えてはいる（これは国税庁のデータですのでごまかしようがありません）。

給料や初任給の増え方は、安倍政権になってからの増え方がはっきりと出ている。特に高卒ですね。高卒の女子ははっきりと出ている。

パートやアルバイトの時給ですが、リクルートジョブズのデータでは、これも民主党政権時代は低迷していて、安倍政権になってから増え方が著しいということです。

学生にとっては就職がいちばん重要なことですが、やはり民主党政権時代に落ち込んでいて安倍政権時代は増えているということですね。リーマンショック前の最高水準はもうすでに超えていて、ずっと上がっています。

民主党時代と比べて安倍政権時代は実質賃金が低下しているということがよく言われます。これを見てみると、減り方は、もう民主党政権時代から減っているのです。直近で増えているのは眉唾ですが。民主党政権時代は最初実質賃金が増えていて、その後減っていますが、この減っている要因をちょっと分解して調べてみました。

民主党政権の初めごろは実質賃金は増えているのですが、それはリーマンショックで名

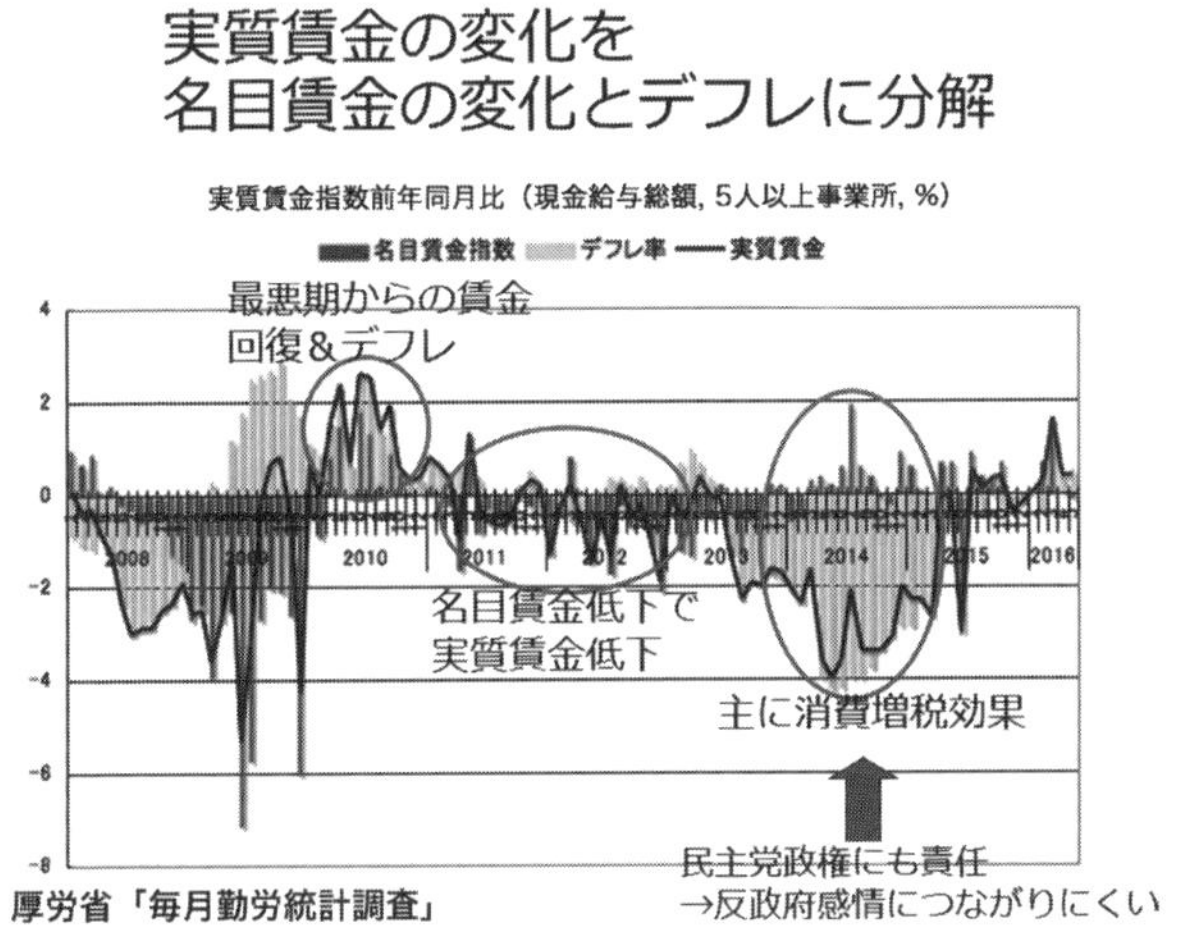

目賃金がものすごく減ったからで、そこからちょっと戻してプラスになっているのです。それにプラスして、デフレが加わっていたから、実質賃金は増えていた。そういうことで、民衆がこれでそれほど恩恵を受けたと感じたかといえば、疑問ですね。そして残りの期間は実質賃金が低下するのですが、名目賃金が低下したために実質賃金が低下したというのが民主党政権時代。

それに対して安倍政権下ではどうなっているかというと、名目賃金は、少ないけど上がっている。しかし物価が上がっているために実質賃金が下がっているということです。特に著しいのは2014年で、もちろんこの年の4月から消費税が上がったからです。消費税が上がったというのは民主党政権が自民党と一緒になって決めたことで、そうすると実質賃金が下がった、苦しい、と皆は感じているかもしれないけれど、そのことが自民党に対する批判だけには繋がりにくい。

それから、所得再分配後の「ジニ係数」（所得格差の指標）がどうなっているかというと、2013年の民主党政権時代と安倍政権時代、民主党以前の麻生政権時代を比べるとほぼ横ばいで、誤差の範囲内の変化です。一応数字の上では、安倍政権になってから若干改善はしている。そういう数字になっています。

あるいは、子供の貧困率も低下している。二種類あるのですが、両方とも低下しています。全体の相対的貧困率も低下していると報道されています。

リベラル派はなぜ勝てないのか

今見てきたようなものは、結局謎解きのためにやっているんですね。我々がなぜ勝てないのか。それがこういう理由だったということです。

長期不況と小泉構造改革によって、多くの人々が苦しんできた。本当に苦しんできたんです。民主党はこれへの批判を背景にして政権を取った。子供手当などはそういう人たちの胸にひじょうに響いたということですね。リーマンショック後の酷い事態を何とかしてくれと。ところが、その事態を改善させることに対して、やはり失敗したのです。それで安倍政権下はどうなっているかというと、わずかに事態が改善されているわけですが、もとに戻すにはほど遠い状態です。でも、やはり人々は長期不況で本当に苦しんできたわけで、だからそんなわずかな改善であったとしても、人々に希望を与えているということです。これが我々が負け続けていた原因であることを認識しなければいけない。

特に、若者や雇用が不安定な低所得層、そういう人たちほど恩恵を感じているという事実があります。本来はすぐクビにされるような雇用システムにしているのが悪い。本当はそうなんです。でも、そう言ったからといってその人たちに響くか、その人たちはどう感じるかといえば、そんないつクビになるかも分からないような不安定な雇用だからこそ、これを守りたいと思うのです。不況に戻って雇用を脅かされるということをひじょうに恐れている。だから、野党が政権を取って経済が不安定になることを恐れて、安倍自民党の経済政策に縋りついているというわけです。

参議院選挙の前でしたか、ブレグジット（イギリスのEU離脱）が国民投票で勝って、その結果世界経済がめちゃくちゃに荒れて株価が下落するということがありました。その時に野党の人たちは、「アベノミクス破綻！」とか言ってすごく大騒ぎをしていた。ところがそれが有権者にどう響いたかというと、「アベノミクス破綻！　大変だ！　自民党に入れよう」となったのだと思います。つまり、こんな大変な世界経済の状況の中で野党に政権を取られると大変だという、そういう思いです。結局「アベノミクス破綻！　破綻！」と言えば言うほど、みんな自民党に入れるのです。我々は選挙で安倍さんの景気作戦に負けてきたということですね。

我々は何度も同じような失敗を繰り返してきました。それを認識しなければいけない。その共通点としては、「景気拡大反対」のイメージがあったのではないかと思うのです。端的に言うと「脱成長」とかそういうスローガンです。「これからは成長の時代ではありません」「経済の拡大を目指すこと自体が間違っている」というような主張ですね。その手の主張は、実際に長期不況や小泉構造改革などで、たとえば失業していて職がない人、あるいはやっと安倍内閣になって職にありついた人、そういう人たちには響かないということです。自分たちが救われないというふうにしか聞こえない。そういうことだったと思います。

ところがこれを、勝てないのは世の中が保守化しているからで、リベラルな政策を掲げているから有権者からそっぽを向かれるんだというふうに勘違いした人が中にはいた。だから、リベラル色を払拭して保守色を強めれば票を取れるだろうと考えた。それが散々な結果になったということです。希望の党ですね。「公共事業をはじめ、まずは歳出削減を行う」とか、「金融緩和と財政出動に過度に依存せず」などということを政策パンフレットの表に掲げて言っている。要するに小泉改革路線のやきなおしです。そうすると、有権者からはそっぽを向かれる。希望の党で「排除します」騒ぎがありましたね。その排除します騒ぎの前の時点の世論調査でも、若者の希望の党の支持率はそんなになかった。だから維新も希望も、今は泡沫化しているわけです（2019年の地方選挙での大阪維新の好調は、派手におカネを使うイメージを表に出して、緊縮的イメージを払拭することに成功したことに原因があると思われる）。

結局、左翼とかリベラルのイメージが嫌われていたわけではない。「なるべくお金を使いません」的な、そういう倹約的なイメージが嫌われていたということなのです。

新自由主義の犠牲者は反緊縮なら両極どちらにも

こうしたことは、すでに2014年の東京都知事選挙ではっきりと見られたことです。あのときは、当選した自民党側の舛添要一候補に対して「勝てる候補」ということで、細川護熙さんが、小泉純一郎さんの応援も受けて鳴り物入りで擁立されましたが、結果は3位でした。細川さんの陣営の人たちから、「勝てないから降りろ」と言われていた、左翼系の宇都宮健児さんの方が2位でした。そのほか、極右の田母神俊雄さんが4位で大躍進しました。

このとき、住民の平均所得の高い市区ほど細川さんの得票率が高く、低い市区ほど宇都宮さんの得票率が高かったことがわかっています。しかも世代別では若い世代の細川さんの得票率はとても低かった（朝日新聞の出口調査では20歳代で11％）。それに対して若い世代では田母神さんの得票率が高く（同24％）、宇都宮さんも高かったです（同19％）。若い人で、宇都宮さんと田母神さんでどっちに入れるか悩んでいる人がいたという話は複数の筋から聞いています。

宇都宮さんは反貧困政策を訴えていたし、田母神さんも庶民に景気の恩恵を行き渡らせると称する「タモガミクス」を唱えていました。舛添さんの得票率も、平均所得の低い市区ほど高かった傾向があります。本気かどうかはともなく、舛添さんは選挙戦で一生懸命に福祉を語っていましたから。

それに対して、細川さんはほとんど反原発しか語っていなかった印象があります。新自由主義の犠牲になった世代の人たちから見たら、細川＝小泉＝民主党連合というのは「失われた20年」の担い手たちが雁首そろえているると見えたのではないかと思います。

つまり、左翼側から見たら安倍政権支持者は右すぎて、自分たちの手の届かない遠いところにいるので票を取るのは諦めて、リベラル色のある中道保守あたりまでと手を組んで安倍自民党に対抗しよう――という図式は成り立たなくなっているということです。新自由主義の犠牲になった本当に暮らしの苦しい大衆は、左翼側にもなびくし安倍自民党にも入れる。私たちは直接極右とマーケットを取り合っていると認識するべきです。でも彼らは小泉さんを水で薄めたような中道には絶対に投票しない。だからそんな人と手を組むと左翼は支持を失ってしまうわけです。

次頁のグラフは、橋本健二さんの『アンダークラス』（ちくま新書、２０１８）２３３ページに載っているグラフです。ここで橋本さんは、非正規労働者などの「アンダークラス」

「アンダークラス」の7割強は再分配賛成だが政治志向と旧来のセットになっていない（セットになっているのは比較的恵まれた層） 橋本健二『アンダークラス』（ちくま新書, 2018) 233ページ

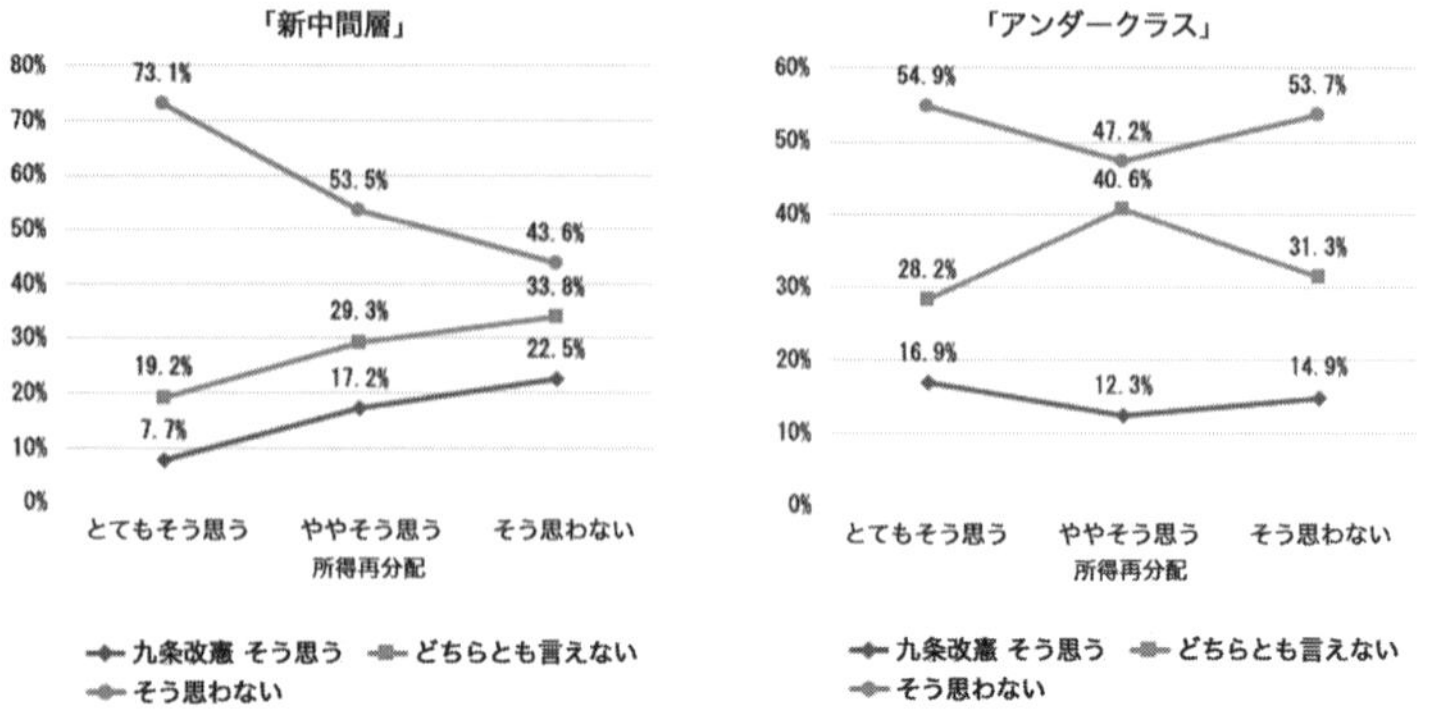

の人たちは、当然ながら7割強が富者から貧者への所得の再分配に賛成なのですが、そのことと、例えば「9条護憲」などの政治志向が旧来のセットになっていないことを指摘しています。比較的恵まれた層である専門家や上層サラリーマンなどの「新中間階級」では、再分配賛成と9条護憲、再分配反対と9条改憲が旧来通りセットになっていますが、その他の階層ではこれは崩れ、アンダークラスでは両者の間に全く関係がなくなっています。

「お金を出しませんよ」に反対する世界の民衆

これは世界中で起こっていることで、別に日本だけの話ではありません。フランスのマクロン大統領は「極中」を自称し、旧来の中道左右のエリートの連合に支

えられていますが、彼らと闘う「黄色のベスト」運動の人達には、左翼もいますが、ルペン支持者も多いことはよく知られている話です。

１９８０年代以降、世界中で新自由主義路線が進められてきました。財政の削減とか、金融引き締めとか、要するに「お金を出しませんよ」という――なるべく市場に任せてもっと働けという。それで緊縮だと押しつけられてきて、格差とか貧困とか、教育費や医療費の負担とか、介護負担とか、そういうことが民衆に押しつけられてすごく不満が溜まっていった。そして一部のグローバルな大企業ばかりが儲けていた。

こういうことが推し進められてきたのに対し、既成政党、中道左派とかリベラルの人たちがその間やってきたことといえば、「だってお金がないのだから仕方ない」程度のことしかやってこなかった。そんな中で不満を溜めた民衆の支持が、一方では急進左派に向かう、そして一方では極右に向かっている。そういうことでトランプとかルペンが伸びているし、サンダースとかコービンも伸びている。こういうことになるわけですね。

例えばトランプ大統領の政策を見てみると、もともとアメリカで保守派というのは金融緩和を批判する立場なのですが、それが金融緩和を容認する姿勢、持続したいという姿勢に転換しているし、伝統的な保守派と違って大規模なインフラ投資を提唱している。これが目玉公約です。それで勝ったわけですね。普通は共和党の保守派はなるべく財政を削減しましょう、支出しない方がいいですという「小さな政府」派なのに、（トランプのは）小さな政府ではないですね、「大きな政府」。それで、自由貿易反対、保護貿易というのもそうです。伝統的な共和党の保守派のスローガンと正反対です。

フランス国民戦線のルペンは、もっとそうです。ほとんど左翼政党みたいなことを言っている。フランスの福祉国家モデルを擁護するとか、財政緊縮に反対して、低所得者にお金をたくさんあげますよという主張をしている。

特に典型的だったと思うのはハンガリーのオルバンです。最近はなるべく働かせるという法律で反対論が高まっていますが、もともとこの人は人権概念とか法治原則とか無視して強権社会を進めてきている極右の人です。中央銀行の独立性を否定して政府の支配下に置いて、金融緩和を推進する。そうやって作ったお金でインフラ投資なんかをやって財政支出を拡大する。そうするとEU当局がそんなことをしてはいけませんと批判してくるけれど、それに対して断固そんなことには屈しませんという姿勢を見せて、ますます国民から支持されて経済が絶好調です。失業がどんどん減る。経済絶好調状態で支持が高くて三回（選挙で）圧勝している。この間の総選挙でも圧勝しているということです。それで強権的な極右政策を進めることができている。
「安倍一強」などというのも、明らかにこの世界的な流れの一環なのであって、全然不思議がることはないということです。

日本の経済政策は中途半端

ただ安倍さんの場合は、そういう「お金をたくさん使いますよ」的な姿勢を見せてそれで支持を得てはいるものの、実際を言うと旧来の新自由主義が混ざっていて、中途半端なところもある。

たとえば「第三の矢」というのは小泉構造改革と同じ新自由主義の路線で、高プロとかTPPとか法人税の減税とかいうものはそれを引き継いでいる。それから財政再建路線ですね。消費税を引き上げしますというようなことを言っているのもそういう路線です。さらに、社会保障を中心として政府支出を抑制していて、必ずしも「大きな政府」とは言えない。やはり緊縮的なところが性格としてあるわけです。

基本的に政府支出の動きに沿ってGDPは動いています。安倍内閣発足後一年足らずは

ＧＤＰは政府支出の推移をなぞる

- 実質政府支出の合計と実質ＧＤＰのグラフを重ねると

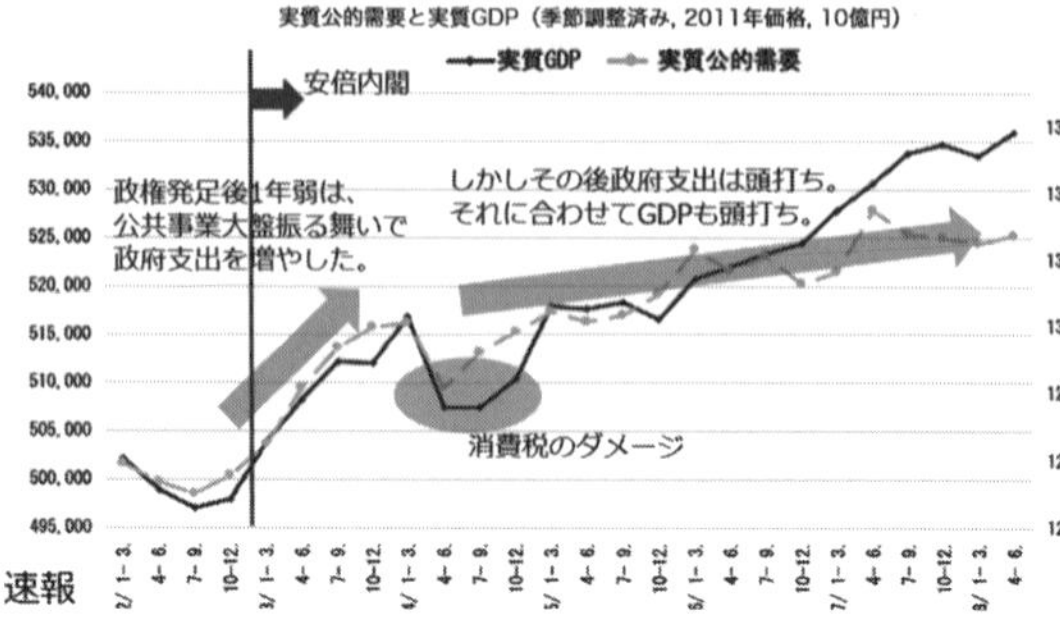

内閣府ＧＤＰ速報

消費税増税で消費一段落ち

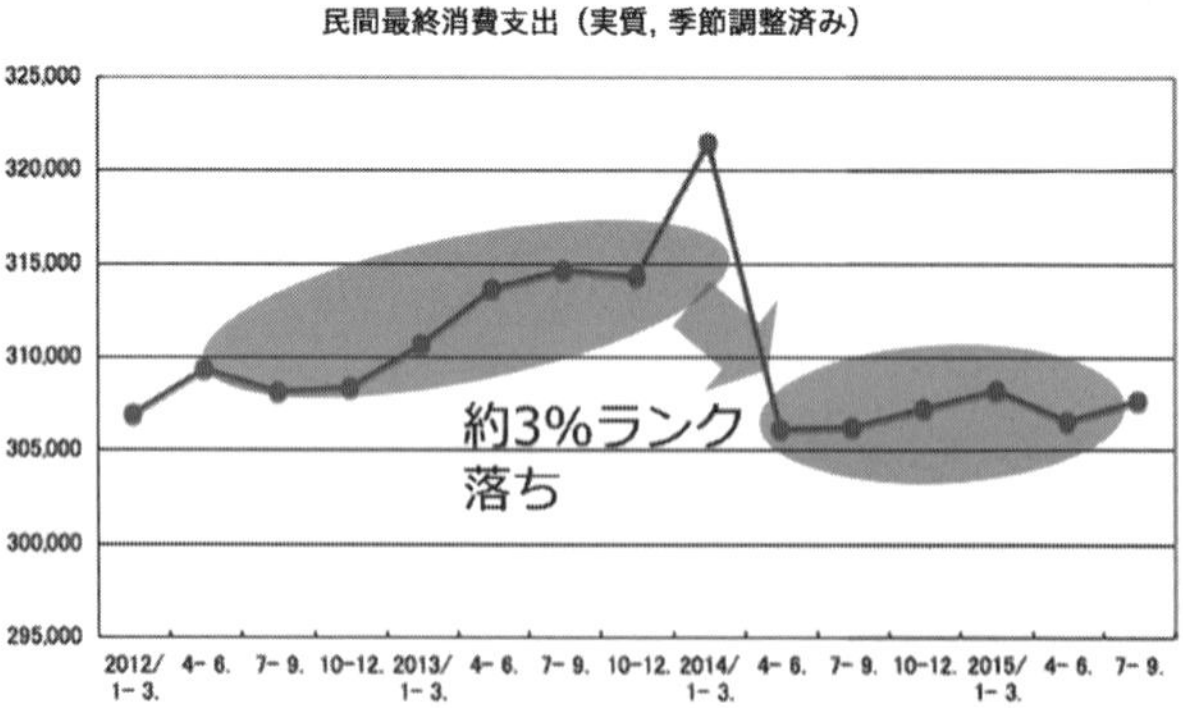

内閣府GDP速報

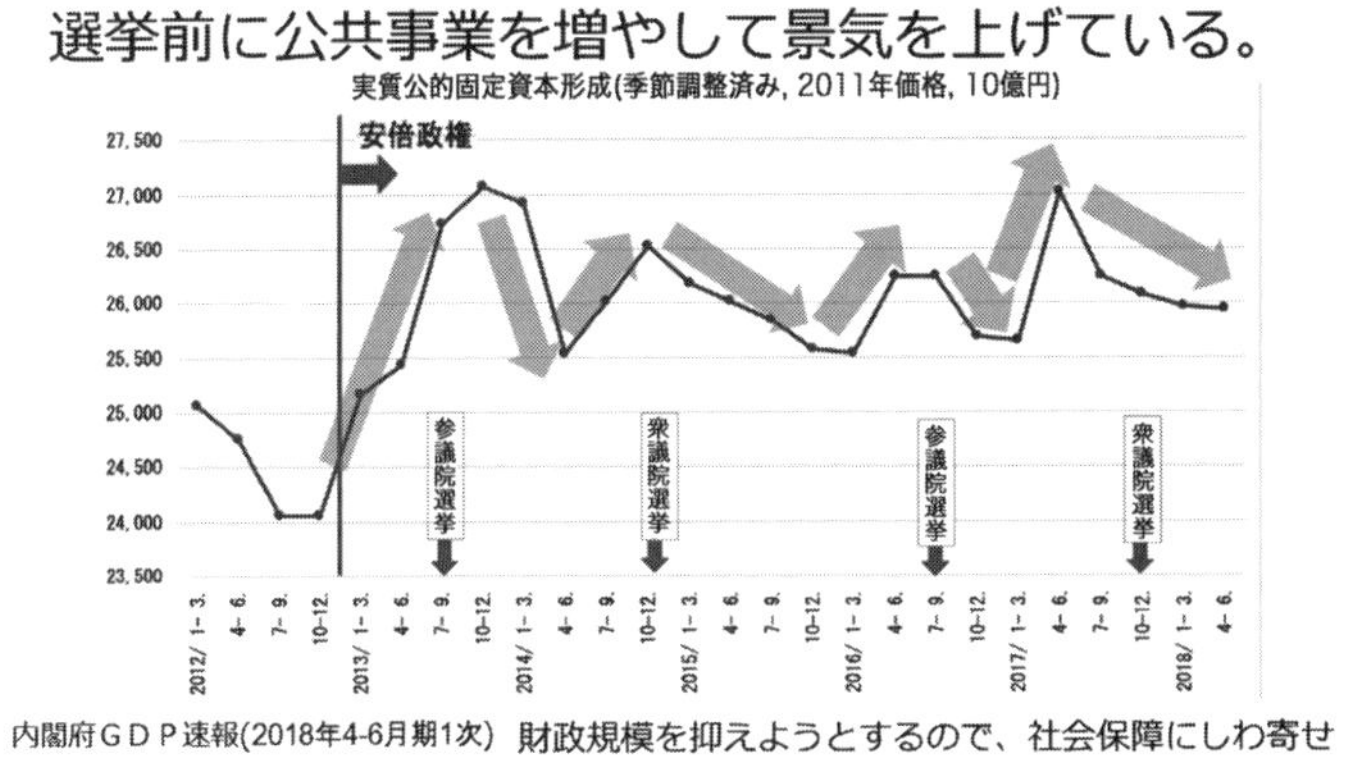

公共事業を大盤振る舞いして、それで政府支出が増えたおかげでＧＤＰが増える。その後消費税を引き上げてＧＤＰは減ったのですが、煽りをかけるように政府支出も減らしているんですね。基本的にはその後政府支出は頭打ちにされているということです。それに合わせてＧＤＰも頭打ちになった。

特に消費税増税。増税後の実質消費ですが、約３％ランク落ちしています。消費税増税前の駆け込み需要の前の段階と比べてですね。この消費税の増税によって、２０１３年と比べて２０１４年は７・７兆円、実質消費が下落しています。その実質消費の下落ですが、リーマンショックの時には６・４兆円の下落ですから、それよりも多い。

そういうことは安倍さんも十分分かっていると思うので、だからこんな感じなんですね。これは実質公共事業ですが、選挙の前になると増やすんです。選挙の前になると増やし、選挙が終わると減らしている。そうやって、一応財務省に支出全体は抑えないといけないと言われているのか、それを守りながら選挙の前になると増やして後になると減らしているということです。選挙の後の減らしている時期にはろくでもない法律とか決めていて、そのうち選挙が近づくとそんな法律のことはみんな忘れてもらって一生懸命公共事業を増やして景気を良くして選挙に勝つ。こういうことを繰り返しています。

このように、安倍さんの経済政策はどちらかというと本当は緊縮だったりする。ちゃんと国民のためにお金をたくさん使いますという姿勢がどのくらいあるかというと、かなり疑わしい。人々の生活のためにお金を使う姿勢はあまりないというのが実態だけど、でも左派側がもっと景気の良い対案をアピールしないせいで負けていると言えると思います。

欧米の派手な反緊縮政策

多くの欧米の国で日本と違うのは、左派側から派手な反緊縮政策を提唱する勢力があるということです。

有名なのはイギリスの労働党のコービン党首ですね。党首選挙の時の公約が「人民のための量的緩和」。イングランド銀行が量的緩和で作ったお金で住宅やインフラの投資をするということを言っていたのですが、２０１７年の総選挙で労働党が大躍進しました。それは、反緊縮のマニフェストがウケたからだと言われています。

その中身ですが、教育とか医療とか介護とか、そういった人々の生活のために支出を４８６億ポンド増やしますと言っています。それに対しては、富裕層とか大企業への課税で財源をつけている。一方、十年間で２５００ポンドのインフラ投資をします、と。新幹線とか、鉄道の完全電化とか、再生可能電源、目玉は住宅ですね。そういうインフラ投資をしますと言っていて、これはイングランド銀行の量的緩和マネーを安く借りてやるという仕組みになっています。

それから、スペインの新興左翼政党のポデモスですけど、何を言っているかというと、要は欧州中央銀行が政府にお金をファイナンスするということは禁止されているけど、これはやめるということです。それから欧州中央銀行の政策目標に「完全雇用」を含めるとか、欧州中央銀行が欧州議会から任命されるようにするとか、スペイン憲法に財政均衡ルールがあるのを廃止するとか、そういうことを掲げています。これらのもとにいろんな、福祉などの社会政策を充実させる。あるいはベーシックインカムを導入します。そういうことを提唱しています。

それからメランションです。この間のフランスの大統領候補だった人ですね。2730億ユーロの歳出を拡大して、うち1000億ユーロを使って公共投資をして景気を刺激し、350万人の雇用を創出しますということを目玉公約として掲げていました。その結果、第1回投票で約2割得票しました。社会党のアモンさんがもしおりていたら、決選投票に残ったかもしれない。このメランションさんは選挙中「フィガロ」にこんなことを言っています。「欧州中央銀行が諸国の公債を買い取って永久債にしてしまえばいい。そうすると、国の債務というのは消えてなくなる」。そういう話をしています。

欧州議会では、左派系の18人の議員が欧州中央銀行に対して「ヘリコプターマネー」の導入を検討してくれという書簡を送っています。

2016年の11月、欧州議会で欧州左翼党——共産党とか左翼党の集まりですね、その議員が欧州中央銀行のドラギ総裁を責めたてていたのですが、何を言っていたかというと、インフレ目標の達成に失敗してただ投機とバブルをもたらしているだけだ、そうではなくて欧州中央銀行が公共的投資をサポートしなければいけないと言っていたわけです。

それから、その当時は量的緩和が2017年3月に停止される予定になっていたのですが、それ以降も延長しろと要求していました。「ドラギ氏の緊縮、緊縮、緊縮のドグマは失敗した。ユーロ圏は力強い持続可能な成長に戻る必要がある。今すぐにだ」ということを強調しています。

それから、サンダースです。アメリカ民主党の大統領候補選びでヒラリー・クリントンさんにもう少しのところまで迫った。どんな公約があったかというと、目玉公約が5年間で1兆ドル（100兆円）の公共投資です。

そのサンダースが以前こんなことを言っていました。FEDというのはアメリカの中央銀行のことですが、そのアメリカの中央銀行が金融緩和をやめて利上げをするというような決定は金融界、つまり銀行たちに操られてやっていることだと批判している。今利上げをすることは、もっと労働者を雇うためにお金を借りなければならない零細企業主にとって災難である。そしてもっと多くの仕事ともっと高い賃金を必要としているアメリカ人たちにとって災難である、ということで、失業率が4％を切るまでは利上げをすべきではないということを、サンダースさんは（2015年12月）当時言っていました。

そして昨年（2018年）サンダース派の最年少の女性下院議員が誕生しました。このオカシオ＝コルテスさんは、労働者のためにいろんな政策を掲げている。その目玉政策の中のひとつが「国による雇用の保証」です。これはMMT（現代貨幣理論）という経済理論の影響を受けています。サンダースさんなどもその影響を受けている、左派系のケインジアンの一種ですが、そのMMTが昔から主張している看板政策です。東洋経済オンラインでこの特集記事があったのでご覧いただくといいと思いますが、要は政府が雇用を保証します、働きたい人みんなに仕事を与えますという、そういう提案です。多くの民主党の政治家が今続々と支持を表明しています。

このように欧州の左派、アメリカではリベラル派と言うのですが、そのコンセンサスはというと、財政危機論は新自由主義のプロパガンダなのであって、そんなものに耳を傾けてはいけませんというのが基本的な姿勢です。「緊縮はダメ、絶対。人が死にます」ということです。それで財政支出を拡大して福祉とか教育とかの社会サービスを充実して、そして景気を刺激して雇用を拡大しましょう。財源は大企業とか富裕層から取ればいい。さらにそれに加えて、中央銀行が作った緩和マネーを使えばよろしい。公的債務は中央銀行が買い取ってチャラにすればいいと、そういった主張をしている。

１９４５年に戦争が終わってから、イギリスでは戦勝の英雄チャーチルが選挙で負けて労働党が政権を取り、「ゆりかごから墓場まで」と言われる戦後の福祉国家の建設を始めた。大々的な福祉国家建設を始めたわけですが、その時のイギリスの財政状況はどうだったかと言うと、公的債務はGDPの215・6%もあった。これは純債務です。政府の資産を引いた純債務がGDPの215・6%だった。そういう状態から高度福祉国家の建設に乗り出しているんです。政府の債務がこれだけたくさんあるというのは理由にならないということです。ちなみに日本は純債務で150%くらいでしょうか。これは純債務ですから、総債務はもっとたくさんあった。

反緊縮政策の良好な結果

こういった路線の実績ですが、たとえばアイスランドはリーマンショックの時に経済危機になったのですが、その時に政府支出を増やしています。その結果として、失業者が減っています。それに対してギリシャは2010年がギリシャ危機ですが、似たような時期に危機に陥っていて、政府支出をIMFから言われて減らしています。そうすると、失業者がどんどん増えている。ひじょうに対照的な対応を取って、対照的な結果になっています。

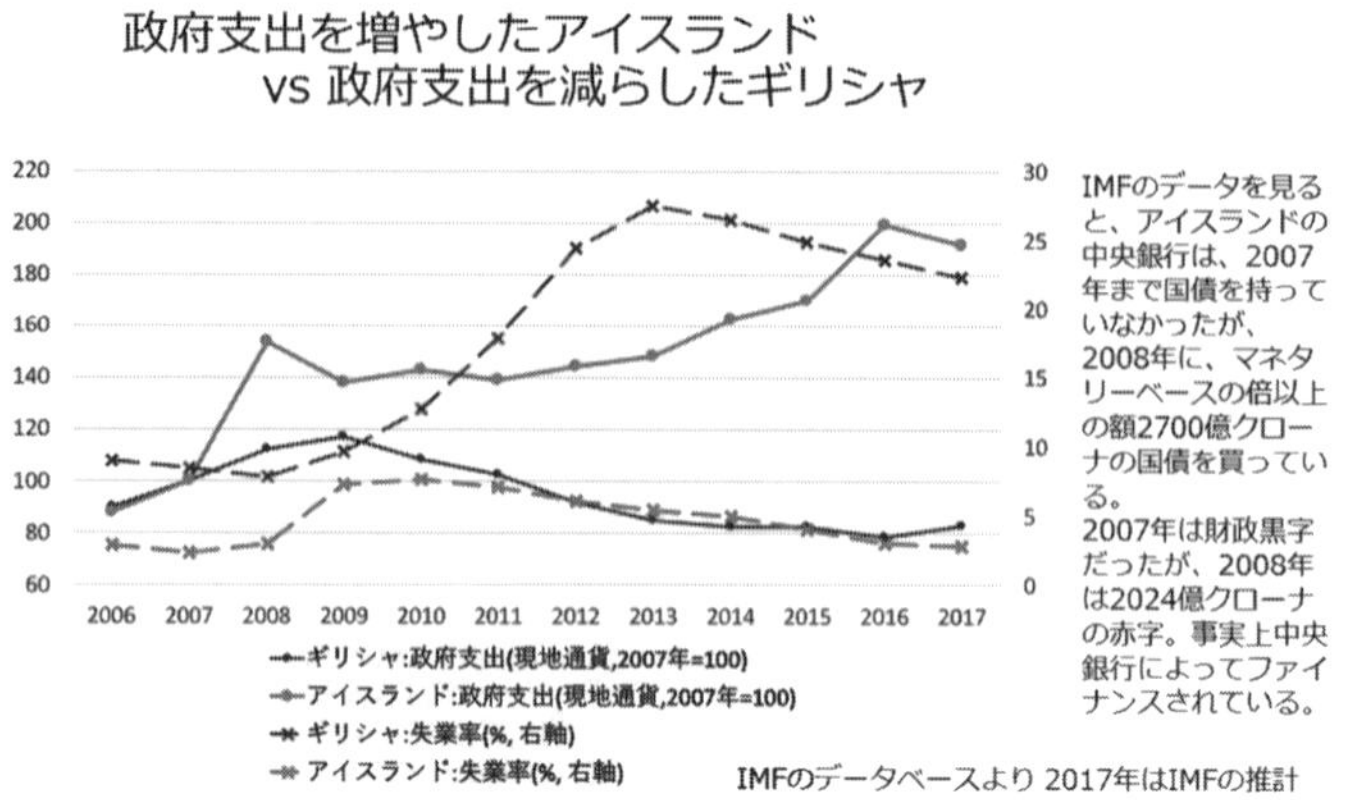

IMFのデータを見ると、アイスランドの中央銀行は、2007年まで国債を持っていなかったが、2008年に、マネタリーベースの倍以上の額2700億クローナの国債を買っている。
2007年は財政黒字だったが、2008年は2024億クローナの赤字。事実上中央銀行によってファイナンスされている。
IMFのデータベースより 2017年はIMFの推計

特に、危機の年２００８年のアイスランドの急激な政府支出増大が何によって支えられたかを見てみましょう。ＩＭＦのデータを見ると、アイスランドの中央銀行は、２００７年まで国債をほとんど持っていなかったのですが、２００８年に、マネタリーベースの倍以上の額２７００億クローナの国債を買っています。実は、２００７年は財政黒字でしたが、２００８年は２０２４億クローナの財政赤字になっています。つまり、その分の資金は、事実上中央銀行に国債を買ってもらって、おカネをつくってまかなっているということがわかります。

当時は誰も経済危機を起こしたアイスランドの国債なんか買う人はいなかったでしょうけど、アイスランドは自前の中央銀行があったので、こんな芸当ができました。ギリシャはユーロ圏ですので自前の

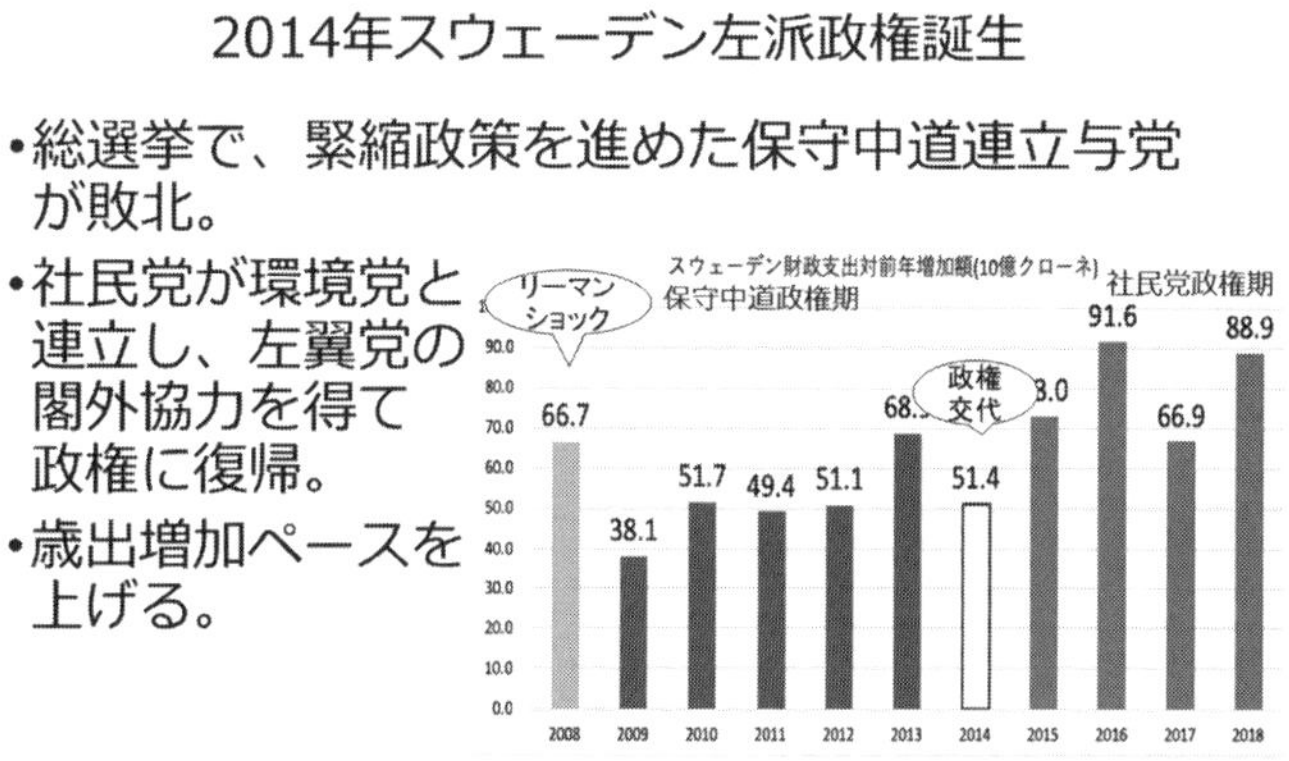

中央銀行がありません。それが明暗を分けていることがわかります。

　さて、スウェーデンは２０１４年に保守中道政権が左派政権に変わっています。これは前の年と比べた政府支出の伸び率ですが、政権交代後伸び率自体を増やしていることがわかります。

　その結果、実質ＧＤＰを政権交代前と比べると、伸びは高くなっている。失業率はどんどん減っているという状態です。政府支出を増やしているのに財政赤字が黒字に転換している。景気が良くなって税収が増えているということです。これを支える背景として、中央銀行が国債をどんどん持っています。国債保有を増やして、お金を出しているということ。政策金利は社民党政権ができてからマイナスになっています。すごい金融緩和をやっている。その結果、

スウェーデン反緊縮政策の実績

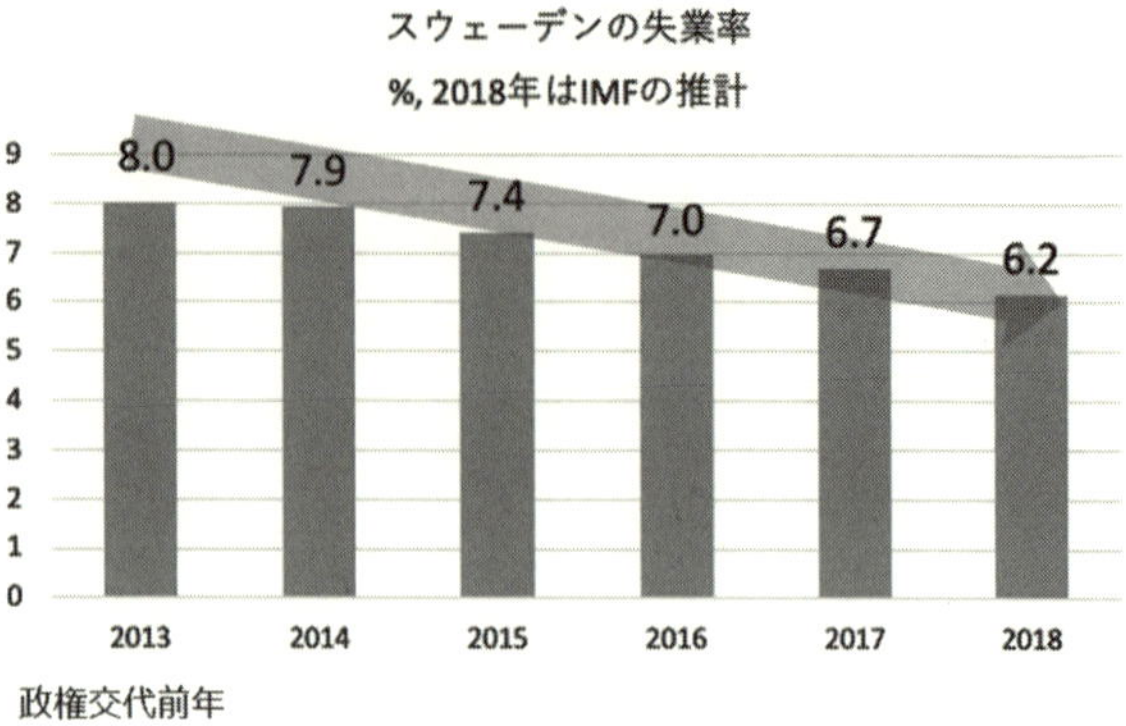

ＩＭＦ公表のデータより作成

スウェーデンの反緊縮政策を支えた金融緩和

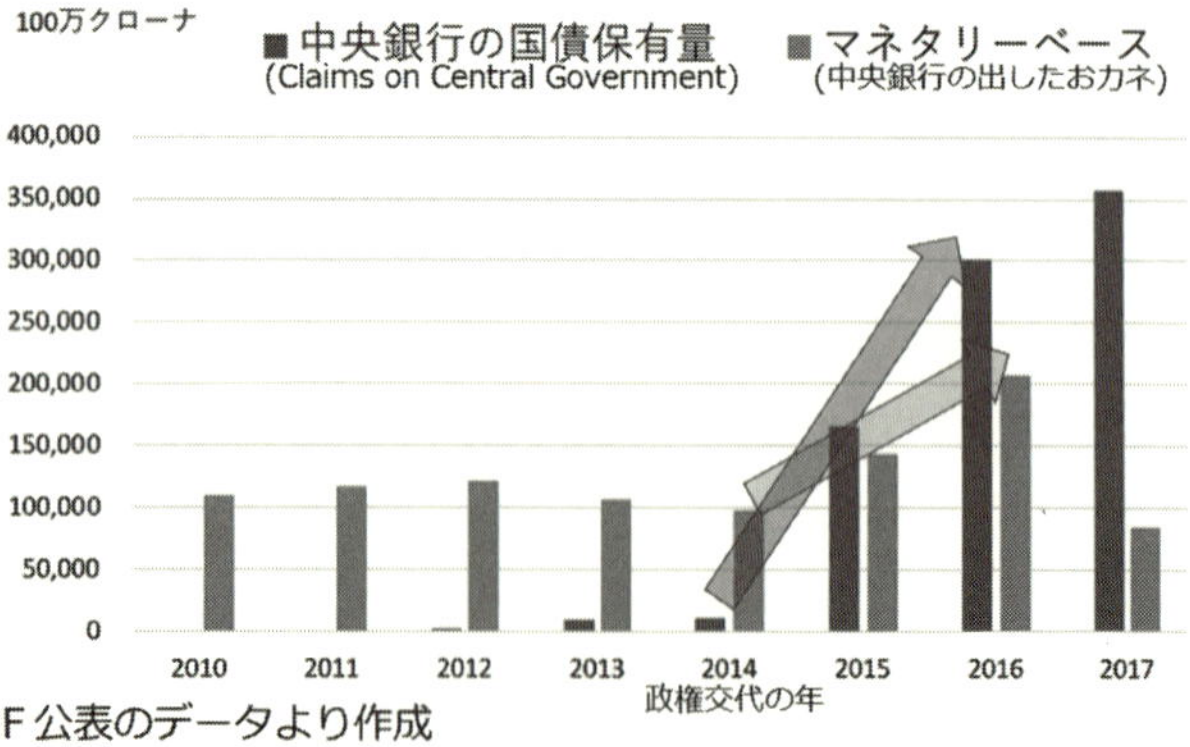

ＩＭＦ公表のデータより作成

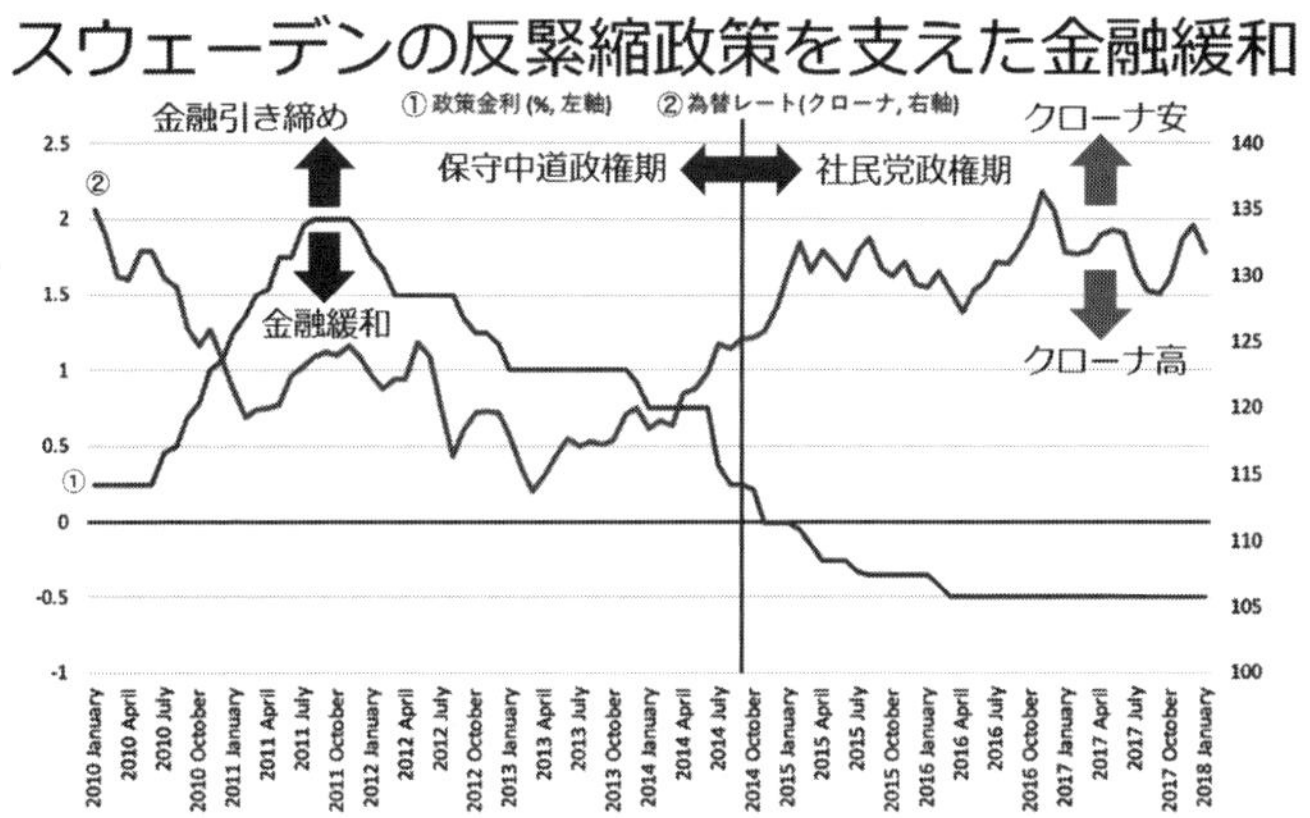

スウェーデンの中央銀行公表のデータより作成

為替レートを見ると、クローナが安くなっている。通貨が安くなって輸出が増えるという効果もあった。

だから、日本でもこういう政策に倣うべきだというのが私の主張です。要するに、今は金融緩和の環境にあって安くお金を借りることができるのだから、それならば安く借りて、どんどん企業とか教育とか福祉とか子育て支援とか防災とかにたくさん使い、雇用を増やして消費需要を拡大して景気を良くしていきましょうということです。同じお金を使うのなら、公共事業に使うよりは教育とか医療とか福祉とか介護とかの方が雇用者数への波及効果がいいですよということです。今の雀の涙みたいな賃金でこれが言えるわけですから、本当にまともな賃金

同じ最終需要を各部門に投入したときの経済波及効果

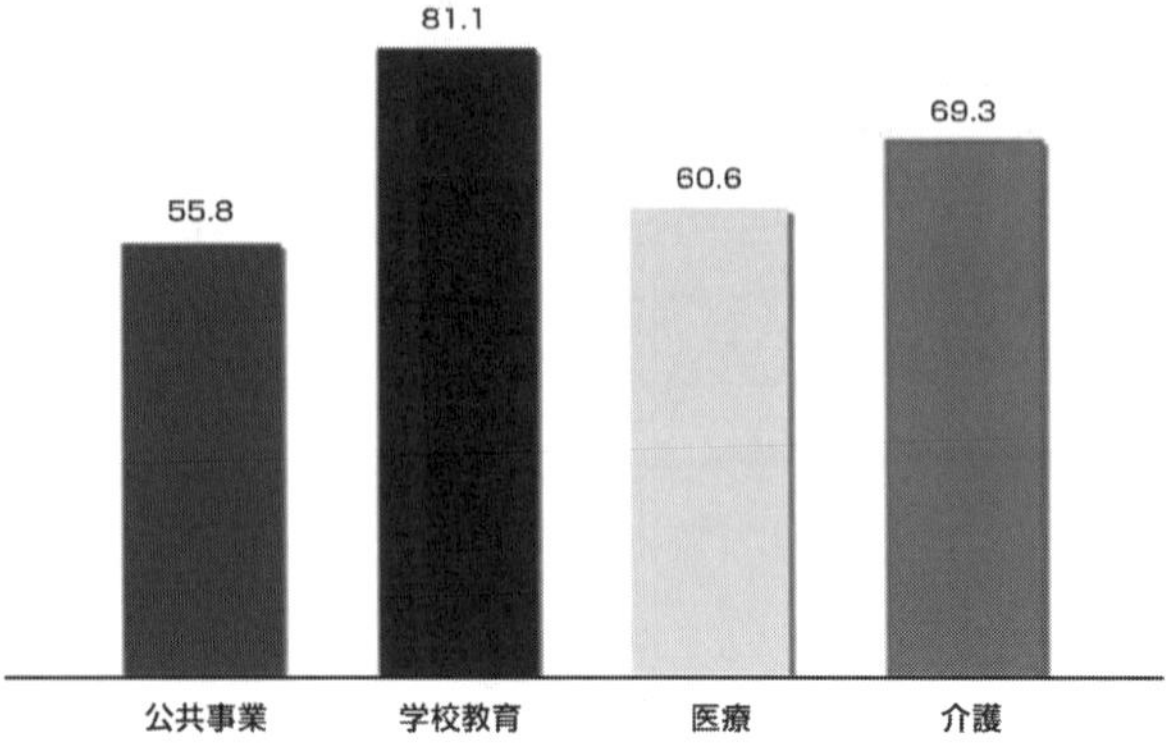

橋本貴彦氏による推計

だったらもっと効果が上がる。

　ということで、私の考え方としては、急にインフレ時代になってから増税をするのは難しいので、法人税増税とか富裕層への所得税の課税とかを今のうちにやっておいて、景気の悪い時にはそれが景気にマイナスにならないように、国債を日銀に買ってもらって造ったお金で、設備投資補助金とか一律給付金とかにして出して、インフレの状態を見ながら、インフレが高くなっていったらこっちを減らしていく。それで最終的にインフレ目標を超えたら増税の効果だけが出るようにする。そういうふうに持っていったら、インフレに合わせた調節がスムーズにできるんじゃないかという考えです。

　ただ、だいぶ完全雇用が目の前になってきたと思われる今の段階となっては、こういうことでいいんじゃないかと思います。つまり、法人税を増税します。所得税を累進強化します。それで、豊かな社会保障とか医療とか教育の充実とか、大学の無償化とか、いろいろやります、防災建設とかやります。それは法人税増税とか所得税の累進課税を強化してやります。しかし、政権をとってもそれを実現するまでに抵抗もあるでしょうから、時間がかかります。なので、高度な社会保障の充実という支出の方は、ただちに実現する。増税が実現できるまでの間は国債を発行して財源を賄います。そこで金利が上がらないように、当面のインフレ目標に達しない限りは金融緩和を継続する。このことによって、日銀が作ったお金で事実上支出をするわけですから、需要が拡大して景気が良くなります。それが上手くいって、今度はインフレが高くなっていって抑制すべきちょうどその時に増税が実現することによって、景気に対して冷却効果がある。それでインフレが抑制できる。

こういうのでいいのではないかと私は思っています。

経済で成功し、改憲を実現する野望

安倍さんは本気だと思います。改憲を実現して、戦後民主主義体制に代わる新体制を創った者として歴史に名を残すことが、彼の野望でしょう。そのために経済で成功し、選挙で圧勝して、国会を制圧して国民投票をするということですね。その歩みを着実に進めてきた。

それに対して、財政赤字を出したらダメとか、金融緩和でお金をジャブジャブ出したらダメとか、そういう批判をするとやはり民衆の方から「じゃあ安倍さんの方がいいや」と思われてしまう。ましてや消費税を増税しますなんて言ったら、ますます避けられるということですね。

ところが今、安倍さんは消費税を上げると言っているわけですから、一転こっちの方がチャンスです。自民党が勝ったら消費税を上げる、そうすればまたあの不況時代が戻ってきますよと攻撃することができる。だからこれは断固粉砕の大運動をすべき時だと思うのです。

消費税の税収というのは結局、法人税を下げてきた穴埋めに使われてきたのです。消費税の負担の割合は、貧困層ほど大きくなります。消費税が上がると、貧しい人は貯蓄が高い割合で減る。お金持ちは貯蓄が減る割合がそんなに多くない。だから資産格差が大きくなる。

安倍さんは、選挙がやばいと感じたら消費税引き上げを延期するかもしれません。その時、野党がそれまでに引き上げ反対運動を十分盛り上げていたら、「我々の成果だ」と言って選挙に臨める。でも、盛り上げていなければ安倍さんはまた圧勝するでしょう。

そこで次に掲げるべきこと、いちばん強調すべきことは「心配はいりません」ということです。我々が政権を取ったとしても心配はいりません、二度とあの大不況時代には戻しません、もし何かあったとしても財政・金融の政策を総動員して二度とあんな大不況時代にはしませんよということを、まず目立つところで主張することが大事です。そして「リストラも就職難もない時代に確実にします」と言うことですね。望む人はすべて正社員にして同一労働同一賃金にします。最低賃金を引き上げて違法残業を根絶しますよといったことを、目立つところに掲げるのが大事でしょう。

第Ⅱ部に紹介する反緊縮マニフェスト２０１９というものにこれ以外にも色々、労働規制などの話も含めて掲げてありますので、是非ご覧ください。

いつも最後にこれに触れて終わりにするのですが、戦前のドイツの話です。ドイツ社会民主党を中心とする連立政権は、１９２９年の大恐慌の後の１９３０年前後の大不況時代、ドイツでは失業率40％までいったのですが、均衡財政にこだわってその大不況を悪化させました。その後政権についたヒトラーは大規模な公共事業で完全雇用を実現して支持を盤石にし、それによって戦争に乗り出すことができたんですね。

我々の前にこの歴史が待っていないかということです。

（2）質問に答えます

省庁から独立した成長戦略会議が必要では？

参加者A　企業や富裕層に相応の課税をすることには大賛成ですが、収益の大きな企業が数多く存在します。そのためにはブレイクスルー的な成長戦略が必要です。しかし現状の成長戦略は各省庁の利益のために現政権の顔色を窺いながら縦割りに行われており、効果に乏しいです。科学技術のブレイクスルーが理解できる大学や研究機関の研究者を中心とした、省庁から独立した成長戦略会議の設立、これを経済政策の重要な柱として加えるべきだと思います。

松尾　まず経済成長ということですが、先ほどご紹介いただいた私の『そろそろ左派は〈経済〉を語ろう』という本とか、その前の『この経済政策が民主主義を救う』という本でも説明していますが、二種類あって、それを区別しなければいけません。一つは、労働者を全部雇ってしまった――世の中に失業者がいなくなった状態ですね。それで機械や工場もフルに稼働しているという状態で、その状態を成長させていく、本の中では「天井の成長」と表現していますが、そういう供給能力の成長ですね。それともう一つは、今は不況でモノが売れないので売れるものしか生産していない、機械や工場もフルに稼働させていません、失業者もたくさんいますという状態からモノが売れるようにしていく、あるいは福祉などに対する支出が増えて、その結果として財やサービスの提供が人々の需要に合わせて増えていくことによって、失業者が減っていって機械や工場の稼働率も高まり、やがて失業者がなくなって機械や工場もフル稼働まで、天井まで持っていくという成長。この二種類の成長は区別しなければいけません。経済学では、一般的にその二つは違うものとして考えなければならない。

私が提唱しているのは、この失業者がたくさんいる状態はよくないということで、それが人々を厳しい状態に置いてきたいちばんの原因で、雇用がないということは所得がない、食べていけないということで、それだけではなく、そのことによって人間としての尊厳が損なわれている人たちが多いということ。だから、人々に職が増えていくということは何よりも大事なことです。これも政治家の皆さんにはいの一番の公約として掲げていただきたいと思っています。これを増やしていくという意味での経済成長は、政府や日銀などが必要なところにたくさんお金を使うことによって拡大していく。

その話と、失業者がもういっぱいいいっぱいまでなくなって、労働者が雇われてしまった、その天井をどう上げていくかという成長の話は、また別の話です。これ自体簡単にはいかない、難しい問題です。技術革新が必要ですが、それが実現できるかどうか、誰にもわかりません。そもそもそういう成長をすること自体が必要なことかどうかも、その場合は問われなければいけないと思います。

そうは言っても、ともかく生産性が上がることによって、生活に必要な色々なものを作るのに必要な人手が不要になって、その分人手が浮いて、たとえば介護とかそういうところではこれからますます人手が要るようになるので、そっちに回すことができるようになるのは望ましいことです。そういう意味では、生産性が上がるということは悪いことではない。失業者がたくさんいるような、モノが売れない段階で生産性が上がると、失業者が増えるだけでろくなことはないですが。したがって、それ自体を目指すことは悪いことではないと思います。

ただ、公的な機関が考えることでどこまでわかるかですね。それは疑問なところがあって、人々が本当に必要とは思っていないことのために税金が投入されて無駄に終わってしまう可能性も高いということで、最初に申しあげた、失業者がたくさんいる段階から失業者をなくしていくタイプの成長の話とはまた別で、やはり政府が何らかの形で介入していくことに関してはある程度慎重でなければならないと思っています。しかし基礎研究をちゃんとやっていくことは必要なことですから、業界贔屓っぽくてポジショントークではないかと思われるかもしれませんが、大学とかにお金を使っていくことは必要なこと、大事なことだと思います。

それと、福祉・介護の問題については、これからそういうところへのニーズが高まっていくことはほぼ確実な話で、そういうところで効率が上がるように、人々がたくさん事業を始めることができるような支援というのも、ニーズ（が高まるという予測）がはずれることはまずない話ですから、やっていくのはいいことだと思います。

それから環境の問題は政府が放っておけばよくなるものではないので、環境税——例えば二酸化炭素をたくさん排出するごとに税金をかけるとか、そういう税をかければ、それをなるべく避けるような技術革新が起こります。そうすると、たとえば自動車は電気自動車に変わってガソリンスタンドのシステムが入れ換わるとか、ビルの壁面に太陽電池を貼るとか、そういう話になると設備投資としてひじょうに大規模になりますから、それ自体が景気対策として大きくなる。そういう環境税をかけていくこともひとつの戦略かと思っています。

成長戦略ということで今思いつく話は、以上のようなことですね。

借金を増やし続けることは疑問だ

参加者B　借金を増やし続けること、またインフレを続けることは、持続可能性の点から疑問です。戦争や経済破綻によってチャラにしなければならないのではないか。これについてどう思いますか？

松尾　今国の借金がたくさんあるということで問題にされていますが、それは端的に言って嘘です。基本的に問題はございません。経済が停滞した時代は、要するに民間主体の中で設備投資が停滞し、民間全体で貯蓄が過剰になる。誰かが貸しているということは、裏を返せば誰かが借りているということで、そういう時代に政府の赤字になるということは、表裏の関係としてほとんど数学的な必然として出てくることですね。そういうことなので、それ自体は自然なことです。

それからインフレに関してですが、完全雇用になり、さらにその状態で総需要が拡大する、たとえばお金を出して政府が支出するというようなことを一方的に続けると、インフレはひどくなります。それで国民生活にいろんな問題が出てくるのは確かです。したがってそういう状態になったらそれをやめなければいけない。もちろん福祉などのためにたくさんお金を使うということはやめるわけにいきませんから、一方では民間の中からお金をとっていかなければいけない。増税はその段階においては必要になってくる。したがっていつまでも続けられるものではなくて、歯止めは必要です。私が述べているのは、それはあらかじめインフレ目標として決めておいて、その物価安定の目標を超過したらお金をとっていくということ。そういうことをやるべきで、先ほどから申し上げている、法人税を増税するとか、累進課税を強化するといった形で、大企業とか富裕層の負担になるようにお金を取ってくることで抑えるべきだと考えています。

この、インフレを上から抑える調整というのは比較的簡単なことです。そういうわけで、心配することは何もないというのが答えです。

消費税を上げずにすむ根拠は？

参加者C　消費税を上げずにすむ根拠など、先生の税制に関する概観を教えてください。

松尾　そもそも税金とは何のためにあるか。普通の企業や我々の家計というものは、収入があって、その収入によって生活・支出をしていかなければならないので、支出するための財源として収入が必要であるのを当然のことと思っていますが、国というのはそういう存在ではありません。お金を作ることができます。だから、支出に対して収入が制限になっている、そういう存在ではないということをまず押さえておきたい。

じゃあお金を作って必要なところにどんどん出していけばいいんじゃないかということになりますが、それができないのはなぜかと言うと、国の生産能力全体を超えて人々の購買力が高まって需要が高まったら、品不足が酷くなってインフレが酷くなるからです。そうならないように、人々から購買力を奪います。それで需要を抑えて、国全体の生産力の範囲内にうまく総需要を抑えておく。そのために税金というものがある。インフレの管理のために税金があるということです。だから、支出とちょうど見合うように税金を取らなければならないということはありません。そういうことなので、デフレ不況で失業者がたくさん出ているときに支出をするということは、人から購買力を奪う必要はないわけなので、一方的にお金を出して、それで対処してもまったく構わないということです。

問題なのは、すべての人が雇われて生産能力が最大限になっている時にどうするかということ。その時に購買力を奪う、需要を奪うということが目的だということです。だから、税金というのは一体どういう需要が少なくなって構わないのか、そうなるべきかという問題です。消費税を上げるということは、消費をしないようにして下さいということなんです。消費の購買力を奪いますということ。そうすると消費が減って、商品を作っている人とか、流通に関わっている人などの仕事がなくなって、労働力が浮く。そうして浮いた労働力が政府支出先の必要なところに回ります。そのことによって全体を一定の中で抑えます。そういう仕組みになっているということです。

だから、消費税を上げると消費が減るというのは当たり前の話なんですね。今のような、まだデフレ不況から完全には脱却できていない状態で消費税を上げると、消費需要が減って不況がひどくなる。また不況に戻ってしまう。そういうことは当たり前の話です。だから、そのことによってかえって税収は減るだろうし、いろいろと問題が出てきます。

我々は、将来労働力がすべて雇われてしまって、総労働全体は限られた労働の中で一体どの労働配分が減ってもいいかという発想でものを考えなければいけない。そのために税金をかけるという発想をしなければいけないということです。

つまり「法人税をとったらいいじゃん」ということは、私は法人税でやっていけると思っていますが、そう思うのは、いっぱいまで雇ってしまった天井の成長というのは、もうあまりないんです。労働力人口が増えませんので。そうすると、機械や工場を増やしてもそれに張りつける労働を増やすことはできないので、仕方ない。したがって機械や工場を増やすその純増分はもう必要ないということ。だからそういうものを作るところの労働配分が減るようにする。要は法人税で企業に課税することによって、設備投資があまり起こらないようにして、設備をつくる部門は減らしていいでしょうということになります。

そういうことで、これは人々の間で民主的に話し合うことで政治的に考えることですが、社会全体の中でどういう労働配分を減らせばいいか、その部門に税金をかけるようにしましょうということを考える。それで労働配分が上手く配分できるということであれば、税金の目的としてはＯＫということなんです。そのことによって支出と税収との間に綿密な金額のバランスがとれるというような発想をする必要はないのです。

法人税を増税してだいじょうぶ？

参加者D　法人税減税は、海外企業の日本誘致を促進し、日本企業の国際競争力を高めること、それによって日本経済全体の活性化が意図されているとおもいます。法人税率を上げると、それに逆行することになりませんか。

松尾　法人税が高くなると、さしあたり生産や雇用に直接影響するかと言うと、それはないと言えます。もう工場を作り機械を据え付けてしまった以上は、それをスクラップにしても二束三文ですので、税引後利潤が出る限り企業は生産し続けるでしょう。

しかし設備投資は減るでしょう。それはまだ景気がよくない時には、総需要を減らすので、景気を悪化させる原因になります。そこで、そんな段階では、設備投資補助金を出すのがいいと思います。高い法人税を取られっぱなしになるよりは、設備投資した方がトクになるから、企業貯蓄への課税と同じになって、設備投資がおこってきて、総需要が拡大し、景気にプラスになります。この際、複雑怪奇な税制優遇制度は廃止して、この補助金制度に一本化し、環境や労働保護の基準や、介護分野充実などのガイドラインに基づき、社会的に望ましい方向に設備投資を誘導すればよいと思います。

他方、景気が十分よくなってインフレを抑えるべきときには、設備投資が減ってちょうどいいわけです。先ほども申したように、もう労働人口が成長しませんので、機械や工場を拡大しても経済全体では貼り付ける労働を見つけられませんから。

ではもっと長期的な問題で、法人税を上げると企業が海外に逃げていってしまうということはあるでしょうか。実際のところは、経産省のアンケート調査では、企業が生産拠点を決めるときに、税制が要因になるという回答は順位が高くないです。市場要因や治安や法整備などが要因として大きいです。

そもそも過去、中小企業も含む日本企業が海外移転した一番の原因は、円高で国内でやっていけなくなったことだと思います。企業に海外に逃げてほしくなければ円高にしないことです。為替相場が適正ならば、多少法人税が上がっても簡単に逃げていくことはありません。

さらにこの問題を根本的に解決するためには、税金ダンピングを許さないための世界的な協定を目指すべきだと思います。野党は、政権を取ったらこうした協定の実現のために日本が音頭をとるということを公約に掲げるべきです。そしてたとえ政権がとれなくても、それを目指すための国際的な運動の音頭をとると言うべきです。そうすると福祉などの充実を本気で考えているのだと、有権者に向けて説得力が出ると思います。

それから奥の手としては、年金機構と日銀の持つ株の力を使って、議決権を行使するとか、一斉売却するぞと脅かすとかで、海外移転をやめさせるという方法も思いついています。こんな手は絶対に自民党側は言わないので、マニフェストに掲げれば点数になると思います。

雇用の公的保障、ベーシックインカムなど可能でしょうか

参加者E　雇用の公的保障、ベーシックインカム、教育無償化、子育て支援、最低賃金同額制、社会保障を減らさない、などといったことが、可能と思われますか。これらをやっていけばまったく新しい人間社会が開けると思いますが、どうでしょうか。

松尾　先ほど紹介した欧米のサンダースとかコービンとかスペインのポデモスとか、そういった人たちが掲げているのはそういうことです。そしてそれは可能だと訴えています。だからそれはできるということです。まだ失業者がいていくらでも雇えますという状態だったら、何ら問題はない。その人たちを雇っていけばいい話です。その段階においては、

財源といったことについては何も考えなくても大丈夫です。

　では全部雇ってしまったらどうするかというと、労働配分として要らないところがあるだろうということです。カジノなんかに労働を取られている場合ではないだろう、そんなものは要らないということですね。日本の設備投資のために割かれている労働配分の割合は先進国としてはかなり高いので、それも減らしていいとか、そういうところは色々見つかる。したがって可能です、可能だということを信じて、我々はやっていかなければならないし、そういう政策を望んでいる人たちはたくさんいます。それを実現するためにはやはり選挙で勝っていくしかありません。

一千兆円を超えた国債、だいじょうぶか？

参加者F　いまや国債は一千兆円を超え、日銀が配分をしている状況ですが、円の大暴落やハイパーインフレの可能性は本当にないのでしょうか。
松尾　これも心配はありませんという答えになります。暴落ということについては、決してないと思います。もちろん断言はできないのですが、心配する必要はないということです。将来的にどんな政権ができてどんなアホな政策をとるかは分かりませんので、あるかもしれませんけど、それは置いておいて。

過去通貨が暴落した国はたいてい事実上固定相場制の国でした。その国の外貨が尽きて通貨が買い支えられなくなることに賭ける投機家にとっては、逆に通貨が上がって損するリスクがないからです。だから通貨売り浴びせに群がり寄せることになります。これらのケースでは、当初通貨価値を維持するために、自国通貨を吸収する金融引き締め策を取らざるを得ないので、景気悪化にあおりをかけてしまいます。しかし、通貨価値の維持をあきらめて通貨が下がるに任せると、輸出が伸びたり観光客が押し寄せたりして、たちまち景気が回復するのが常でした。

日本は変動相場制の国ですので、無理に通貨価値を一定に維持するために金融引き締めして不況をもたらす必要はありません。円が大きく下がれば、やがて必ず輸出が爆伸びすることが見込まれますので、そうなれば円価値が上がり出すということを見越して、まもなく円買いが入り、円下落は必ず適当なところで止まります。

むしろ日本はブレグジット投票だとか上海で株が暴落したとか、東日本大震災だとか、北朝鮮からミサイルが飛んできたとか、そのたびに円高になっている。ちょっとしたこと

円ドル相場は日米金利差で決まる
——日本の金利が上がると円高になる

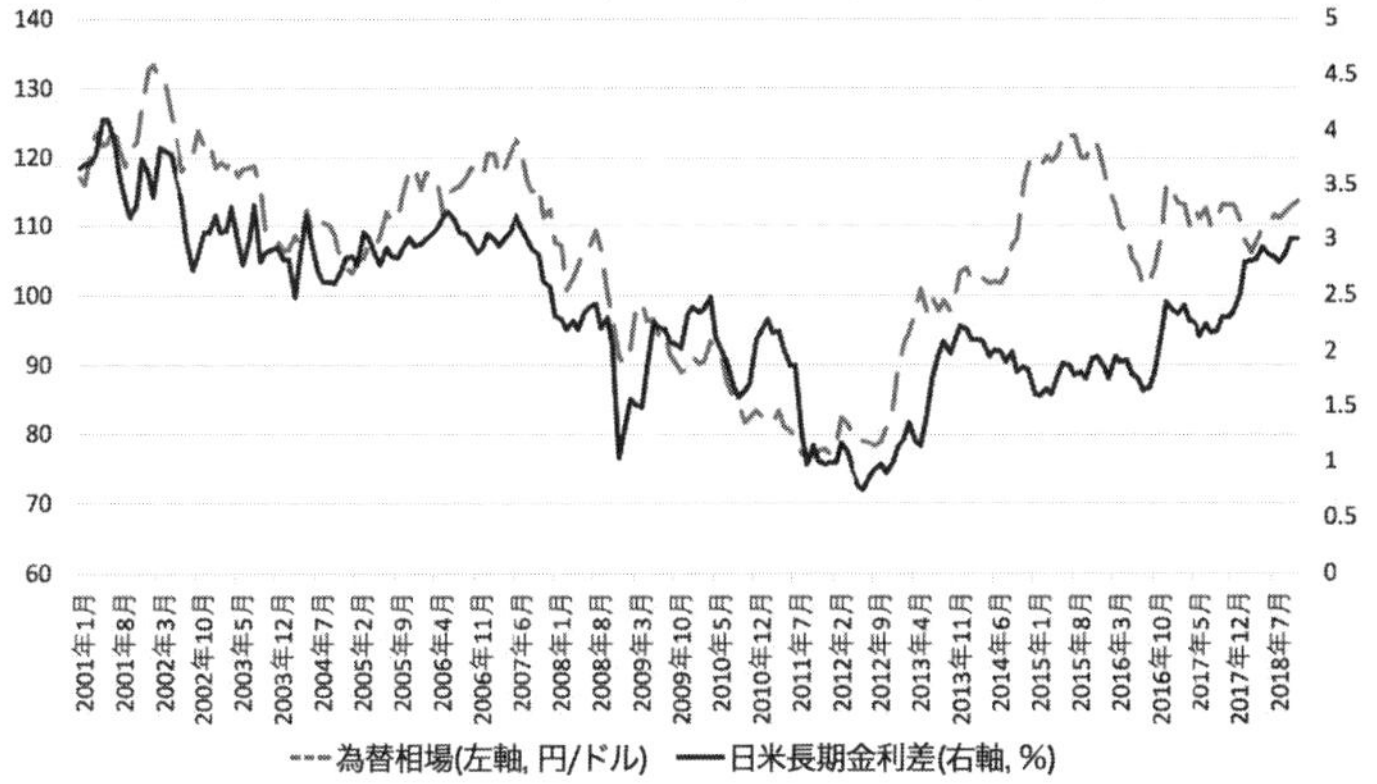

出典：浜町 SCI（日米 10 年物国債利回り）と日銀のデータより筆者作成

で、何かというと円高になる。それを人為的に抑えているんですが、ちょっと手を抜くとすぐに円高になります。直近もそうです。世界経済不安から世界的に株価が下がりましたが、早速円高になった。そういうことで、日本にとって一番のリスクは円の暴落ではなくて、円高です。

今後それはますます高まっていく。というのは、海外に企業が進出していっていて、その海外進出企業からますます利潤が送金されてきています。それがどんどん多くなっている。基本的に、長期的にずっと大きくなっています。そうすると、外貨を日本円に変える圧力が高まる。さらに、今後デフレが終わってインフレを抑制する時代に入ると、金利が上がります。そうすると外国で運用するよりは日本で運用する方が得になるので、資金が日本に流れこんできて円が買われます。したがって円高になります。ということで、見通せる将来としては円高の圧力の方がよほど高い。むしろ我々が心配すべきはそっちであると考えます。円高が続くとますます企業の海外移転が進み、雇用が空洞化して国中の生産力が衰えていきます。「円暴落」がおこるとしたら、それが行きついた先でしょう。

え？　ああハイパーインフレですね。それも起こりません。

「ハイパーインフレ」というのは大層な定義がある言葉で、滅多におこるものではないのですが、国内の生産能力が戦争などで破壊されているところに、おカネが出すぎて大幅にキャパオーバーしたケースばかりです。最近よく引き合いに出されるベネズエラも、もともと産油国ですが、かつて原油価格が高かったときに通貨価値を高くして生活物資を安く輸入し、国内の農業も製造業も壊滅するに任せたことがそもそもの原因です。日本も将来円高がずっと続いて産業空洞化が進行すれば、その先どうなるかわかりませんが、少なくとも現状の生産力のもとではハイパーインフレはあり得ません。

ハイパーインフレまでいかないインフレ悪化も防ぐことができます。なにしろ日銀は今、日本のＧＤＰに匹敵するおカネを吸収できる国債を持っているのです。その気になれば日本を何度も超デフレ不況に叩き落とすことができます。インフレの激化に賭けて実物に投機してもどこかで必ず日銀に負けることが最初から見込まれますので、インフレが歯止めなく進行することはあり得ません。

インフレの悪化を心配する人は、日銀が民間銀行から国債を買ったときに払ったおカネが、民間銀行が日銀に預けてある預金口座に膨大にたまっていますので、それがみんないっぺんに財やサービスへの需要に向かったら大変だと思っているのだと思います。でも、世の中に本当に出回っているおカネと、民間銀行が日銀に預けているおカネとは別物で、民間銀行が日銀に預けているおカネがいくら膨大になっても世の中に出回るわけではありません。世の中に出回っているおカネの大半は、民間銀行が企業におカネを貸すときにその企業から預かっている預金口座に、貸した金額を書き入れたものが、決済に使われて出回っていったものです。

ただし、そうやって作り出した預金の一定割合、「法定預金準備率」の分のおカネは、日銀の預金口座に預けておかなければならないルールになっています。だから、これがむやみやたらと貸し出しを増やせない制約になっているのだとする考え方からすると、なるほど、民間銀行が日銀の預金口座にルール以上に十分膨大なおカネをもう預けてしまっているならば、この先、民間銀行の貸し出しが増え出してもなかなか制約にぶつからない。貸し出しに当面歯止めがなくなってどんどん世の中におカネが出回ってインフレがひどくなってしまうという理屈が成り立つかもしれません。でもこの考え方が正しいならば、ただ法定預金準備率を引き上げればいいというそれだけのことです。

実際には、日銀が国債を売りに出して金利が上がれば、おカネを借りようという動きは減って、貸し出しは抑えられます。そうなれば財やサービスへの需要は減って、インフレは抑えられます。お望みならば、銀行の貸し出しの自己資本に対する比率の規制をもっと厳しい比率にしたら、一発で貸し出しを減らせます。大企業から税金をたくさんとって支出を抑えてもインフレを抑えられます。

このように、インフレを抑える方法はたくさんあります。目標インフレ2％を1％ぐらい超えた程度ではインフレは加速しません。今はお店のＰＯＳシステムからリアルタイムでインフレ率を計測できる時代です。インフレが許容レベルを超えたとなれば、機敏に対処することができます。

なお、人によっては、金利が上がると国債の利払いが増えて財政破綻するから金利を上げることができないと心配する人もいらっしゃいます。国債の金利は固定金利ですので、市場金利が上がってもこれまでに出た国債の利払いが増えるわけではありません。そう言うと、いや、返す期限がきた国債の期限をまた延ばすための、「借換債」の金利が上がるから、やはり財政負担になるという声もあります。しかし、借換債（2018年約百兆円）の大半は、日銀の持っている国債のおカネを返す（同約90兆円）ための借金で、しかもその借換債はそっくり日銀が買い取っています。つまり、結局日銀の持っている国債を返すおカネを日銀から借りているということで、要するに日銀から直接借り換えするのと同じです。そうすると、借換債の金利が上がっても、払うのは大半は日銀に対してです。日銀がもうかったら「国庫納付金」として政府に戻す決まりです。だから政府の利払いが増えても結局政府に戻るのですから実質的に財政負担にはなりません。

私は中央銀行の原則から、日銀の持っている国債は期限がきたら直接借り換えしていると思っていたのですが、ある人から、日銀の持っている国債は期限がきたらおカネを返しているのだと指摘されました。ですが、その後よく調べてみたら、一回民間の市場を経由しているだけで、実際には結局日銀の出したおカネで日銀に返していたわけです。私はこのことを財政学専門の知人と、日銀職員の知人に確認しましたので間違いないでしょう。

日銀職員の知人の話によれば、直接借り換えでなくてこのような迂遠な方法を今とっているのは、日銀が国債をどんどん買い取っているので、民間で国債不足になって不都合が出ているので、民間に国債をまわす必要があるからとのことでした。

ちなみに、借換債以外の新規発行国債の金利が上がることは、たしかに財政負担になりますが、それは現代日本のように過去の国債が膨大にある国でなくても共通する、普通にある話です。それくらいで財政破綻することはありません。

え？　国債の暴落ですか。それもあり得ないですね。国債は株とは違います。満期まで持っていたらかならず額面のおカネはもらえます。だから国債価格がある程度下がったら、今安く買ってあとで高くもらえる。つまり、利回りが高くなりますので、たくさんの人が買いに入るようになります。だから国債価格の下落は絶対に止まります。

ちなみに額面のおカネがもらえなくなる事態はあり得ません。最悪中の最悪を想定しても、おカネをつくって払うとか、国民の全資産に一回限りの課税をするとか何とでもできます。

もっと現実的に言うと、国債の四割以上は今、日銀が持っています。日銀の持つ国債は、日銀が出すおカネの裏付けですので、返してしまって無くすわけにはいきません。日

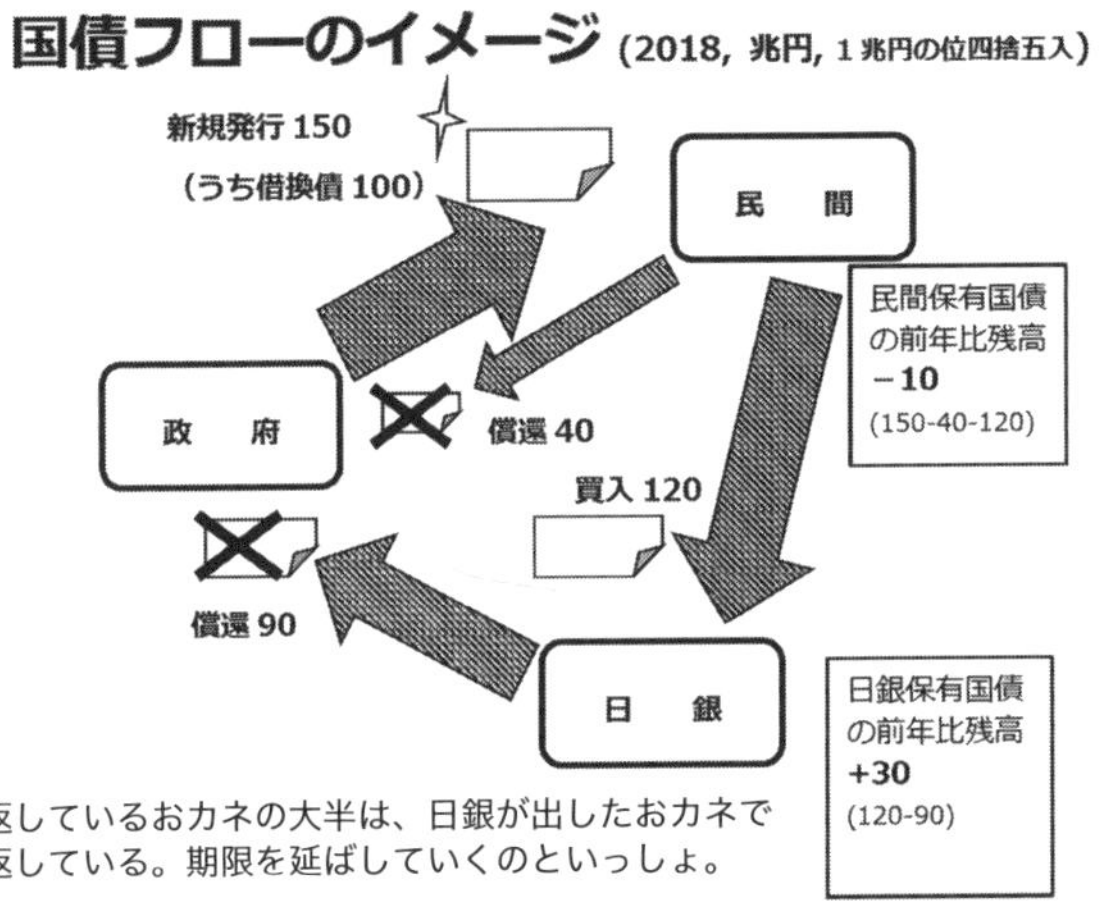

※参考資料：財務省「平成30年度国債発行予定額（２次補正後）」、日本銀行「マネタリーベースと日本銀行の取引」最新資料を接続、財務省「最近７カ年間の国債整理基金の公債等、借入金償還財源の 繰入額、償還額、年度末基金残高、借換額の推移」

銀の持っている国債のおカネを返してしまったら、その分のおカネは世の中から消えてしまいます。だからさきほど述べましたように、国債を（事実上）借り換えして維持します。インフレが高まるとそれを抑えるために、日銀保有国債の一部が民間に売られますが、それは一部だけです。長期的に世の中のおカネが増えると、それに見合って日銀の金庫の中の国債も増えていかなければなりません。民間人が持つ国債も、日本では60年かけて返すルールがあるようですが、諸外国では永遠に借り換えてあたりまえとされています。

だから、国債一千兆円とか言って恐怖

が煽られていますが、本当に毎年政府が返さなければならないのは、このうちごく一部です。

このマニフェストを安倍内閣が採用する可能性は？

参加者G　学習会で話したような内容を安倍内閣が採用する可能性は？　また、なぜ緊縮緊縮と言って経済を悪くするような政策を続けているのでしょうか。

松尾　なぜと言われても私にもわかりませんが……２０１０年の『不況は人災です！』という本は、民主党政権時代の真ん中に何とかこの政策を採用して頂きたいと思って出したのですが、採用して頂けなかった……当時のようなデフレ真っ只中の時代こそ、まったくゼロのところから日銀がお金を作ってどんどん支出したとしても、なかなかインフレになって酷いことにはならず、雇用は拡大するし景気は良くなるし、震災の復興はできるし、公約は全部実現できるし、いいことばかりで今頃民主党政権は続いていただろうと……戦争法案も興らなかったし……というふうに思うと非常に悔しい思いをしています。今ごろになって、ようやく少し聞き入れてもらえる兆しが出てきてとてもうれしいのですが、もうこの政策がとれる余地は残りも少なくなってきているという、そういう悔しい状態にあります。

そういうことがずっと続いてきたので、次の安倍総理の手はこんな手を取ってくるだろうとか、それに備えなければとか、そういうことをホームページに書いたりする。最初は知り合いが冗談で「野党には全然聞き入れてもらえないくせに、これ官邸が読んで真似したらどうするの」とか言ってくる。最初は冗談として笑っているのですが、段々そういうことを言ってくる人たちが真顔になってくる。最近は本当に「官邸が真似をするかもしれないから書くな！」とか言ってきて……。それについてはもう、それを上回ることをこちらがやるしかないということです。

格差の問題は？

参加者H　格差の問題ですが、これは表面にはあまり見えないと思われますが、実際は非常に進んでいる。周りにもそういう例がひじょうに多い。この格差の問題を真正面から取り上げて説明して頂きたく思います。

松尾　「格差」というものは、データで出そうとすると、先ほどのジニ係数などありますが、ジニ係数では改善していることになるんです。だからなかなか表に出てこないけど、現実にはあるんですね。しかも、もっとひどくなっている。

それはなぜかというと、アメリカなどだと、経営者は大株主でたくさん配当とかを貰う。だから明らかに個人所得も格差として出てくるのですが、日本の場合、給料をもらっている人同士の給料の差は、格差のうちには入らない。膨大な会社財産が会社の所得としてデータ上は出てくる。しかしそれを自由にすることができる人がいるわけです。個人的目的のためにそれを使うことができる人ですね。ゴーンさんの場合は違法を疑われることになってしまったけど、合法的に同じような人はいっぱいいるんです。だから「会社の財産」なんです。法人所得です。その法人所得は、アベノミクス以降史上空前の儲けでどんどん膨らんでいる。法人財産もどんどん膨らんでいる。そういう点ではすごい額です。格差といったらそういう格差です。むしろそういう人たちは全然お金を使いませんから……設備投資もしれくれないし。それだったら民衆の方に所得が回った方が、たくさん支出するので景気は良くなる。

だから格差はなくす方がいいという話になってくるのですが、ふつう我々が「格差反対」

とか「格差を失くせ」といったら、受け取る側としては給料の格差というレベルで捉えてしまいます。こちらもついつい、そんなレベルで当たってしまうところがある。給料の格差なんて本当は大したことなくて、そういうことを聞いた方は「じゃあがんばって儲けることがいけないのか」という反発が出てきて、そんな人たちには票を入れないでおこうという話になってくる。そうではないということを言わないといけない。働いてもらえる給料の格差のことを言っているのではなく、法人所得と一般の個人の所得の差のことを言っているんです。その他に、働かずにいっぱい資産を持っている人ですね。それが金融的な儲けから儲かっているというのが、本当の大金持ちです。労働所得でも何でもないです。そういう格差を今問題にしているわけで、これもアベノミクス以降たいへん拡大していますが、それを表に出して言わないと、なかなか通じないと思います。

原発問題などは？

質問者ー　次の選挙で、原発問題、辺野古問題、森加計問題、改憲問題などはあまり争点にしない方が良いのでしょうか。

松尾　それは表に出して争点にすべきことであるのは間違いないです。ひどい話だし。しかし、一方で一般の人たちがいちばん関心を持っているのはやはり生活の問題だということです。そこに中心的に訴えないと、聞いてもらえないということ。

たとえば原発の問題にしても、原発の立地しているところというのは、原発があることで降りてくるお金がなくなると食っていけないじゃないですか、ということがやはり一番大きい。子供を大学にやることもできなくなるじゃないかと。それが一番大きいわけですから、「そんなことはないです、大丈夫です」ということ。原発をなくしてもちゃんと食べていけますよということを説得力を持って言えないといけない。「カネより命」とかいうスローガンでその人たちを説得しようとしても、それは都会の恵まれた場所に住んでいる人たちの贅沢にしか聞こえないいんですね。だから、そうではなくてちゃんと経済をまともにするから原発がなくても、津々浦々、田舎の場所でもまともに食べていけるようになるんだということを言えないと、反原発も通じないということです。もちろんいうべきではあるけれど、通じない。

沖縄でなぜ基地を争点にできたかというと、そういうことだと思います。翁長県政のもとで経済が発展して、基地がなくてもやっていけるんですよということを、みんな展望を持ったわけです。沖縄も、私が今住んでいる京都もそうですが、観光でいますごく潤っているとか、もっているところがあるんです。よしあしは別としてそれでもっているのは事実。それでアメリカ政府の言いなりになって中東などに自衛隊が出かけて行って余計なことをして、京都なんて仏教寺院だらけだし、恨みを買ってテロが起こったりしたら、もう観光はおしまいなんです。経済がダメになります。京都シャッター街になりますね。そういうふうに繋がっているわけです。そういうつなげ方をして、「こういうことになってしまうからアメリカ政府の言うことを聞いて余計なことをしに行ったらダメだ」と、そういう訴え方をすれば効いていくのではないかと思います。

レフト3・0はどこがちがう？

参加者J　今出現しているのは、「古典的窮乏」だと言われる。左派は古い社会主義に戻るべきだということでしょうか。

松尾　「オールド・レイバー」がレフト1・0、ブレアの「ニュー・レイバー」がレフト2・0、それを乗りこえようとしているコービンなど欧州の反緊縮運動がレフト3・0です。

レフト1・0は、旧来のマルクス＝レーニン主義や社会民主主義のこと。戦前から七〇年代ころまでが全盛期で、「大きな政府」で生産力の発展をめざすこと。組合に集まった雇用労働者に恩恵をもたらすこと。ソ連や中国とつながって、それらの言いなりになりがちだったこと。そうした枠組みが80年代から行きづまっていきました。

レフト2・0は、七〇年代ころ、新左翼運動の一部から現れ、ソ連崩壊後の九〇年代に全盛になりました。レフト1・0の上意下達的指導体制や労働者階級主義が批判され、ジェンダーやマイノリティのアイデンティティの問題、環境問題にも目が向けられるようになりました。高度経済成長が達成されていく過程で、レフト1・0にあった大きな政府志向や生産力主義の枠組みが「時代遅れ」と認識されるようになっていったわけです。

2・0の人びとは、市場原理の有効性を活用して、NPOなどの第3セクターや地域コミュニティに注目し、急進派は、官営やケインズ的な国家介入政策を嫌って、コミュニティ市場を志向しました。

レフト2・0では労働組合のマッチョな男性中心主義が批判されたりもしました。しかしレフト1・0の反省から生まれたはずのレフト2・0は、資本主義の猛威のなかで中間層が没落し、21世紀になると、マイナス面がめだってきました。

２・０のボトムアップ志向が、ネオリベと奇妙に補完しあってしまった。また、２・０の人びとは、１・０の人びととはちがって、エコロジー志向をもっていますが、失業が出てもゼロ成長社会がいいものだと勘違いするようになった。また、１・０の人びとの上意下達的な労働者階級主義を批判するのはいいのですが、アイデンティティ・ポリティックスにばかり焦点があてられて、「経済的下部構造の重要性」が見失われてしまったようです。

レフト３・０は古い社会主義像に戻るというのではなく、「大きな政府」の復権、経済成長と雇用、要は「経済」や「階級」を取り戻し、マイノリティやジェンダーの観点をとり入れて、高い次元で統合することです。欧州の反緊縮運動には、レフト１・０に単純に戻るのではなく、レフト３・０になりうる可能性があるということで注目しているところです。

高齢化社会、年金や社会保障費はだいじょうぶ？

参加者Ｋ　これからの日本は高齢社会を迎え、年金をはじめ社会保障費が毎年ふくらんでいきます。このままでは社会保障費は削減されていく見込みです。

長期的スパンで見たばあい、お話のあった金融緩和や法人税の増税、富裕層への課税で年金等のさらなる充実や維持はありうるのでしょうか。もしありえないとすれば、どうすればよいとお考えでしょうか。技術革新は必要だとは言われましたが、具体的には分からないということになるのでしょうか。多くの人が不安になっていることだとおもいます。

松尾　私たちはお金を食べて生きていけるわけではありません。お金というのは、いろいろな消費財などの最終生産物を作る人や、それを作るための原材料や燃料や機械などを作る人に、自分のために働いてもらう権利だと言えます。だから、長い目で見て経済全体がうまく回って維持されるかどうかを考えるときには、お金を省略して、人と人とのお互いの働きあいが社会全体でうまくまわるかを考えると本質がわかります。

そうするとこれからの年金問題というのは、本質的には、高齢社会になって、働かない高齢人口が増えたとき、残りの人たちが働いて財やサービスを提供して、そのくらしを支えることができるかどうかという問題だと言えます。

そういう目で見ると、総人口のうち働くつもりがある人とない人との比率がどんな動きになっているかが気になりますね。将来大変になるぞと心配されるたくさんのかたは、高

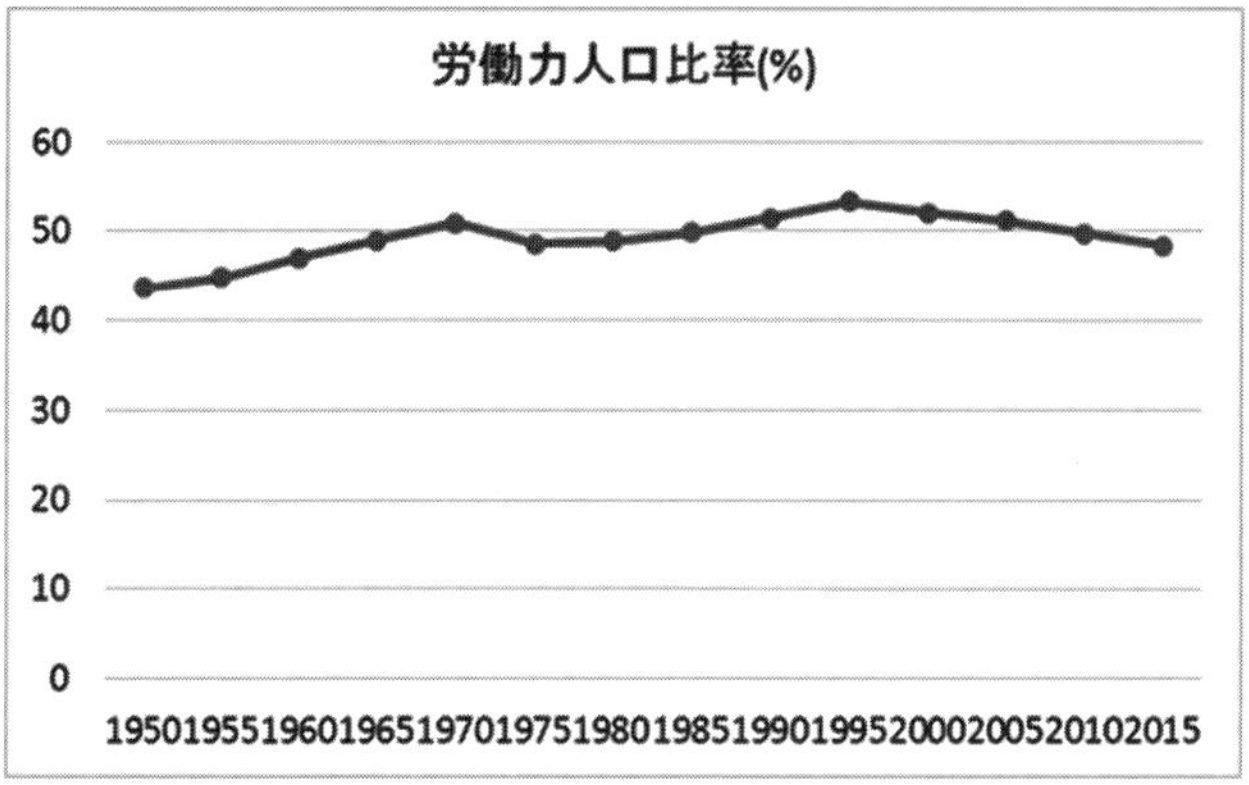

齢化が進むにつれて、総人口のうちで働くつもりがある人の比率、つまり労働力人口の総人口に占める比率が、どんどんと減っているというイメージをお持ちなのだと思います。

ところが実はそうではないのです。国勢調査で見た労働力人口の総人口に占める比率を見ると、上のグラフのように、１９５０年から２０１５年まで５割前後でほぼ不変です。そうは言っても１９９５年から緩やかでも減り続けているには違いないじゃないかとおっしゃるかもしれません。しかし総務省統計局による、労働力調査の労働力人口と毎年の総人口の推計で、２０００年から２０１８年までの毎年の労働力人口の総人口に占める比率を計算してみると、次頁のグラフのように、近年急速に増えて２０００年の水準は超えていることがわかります。実は

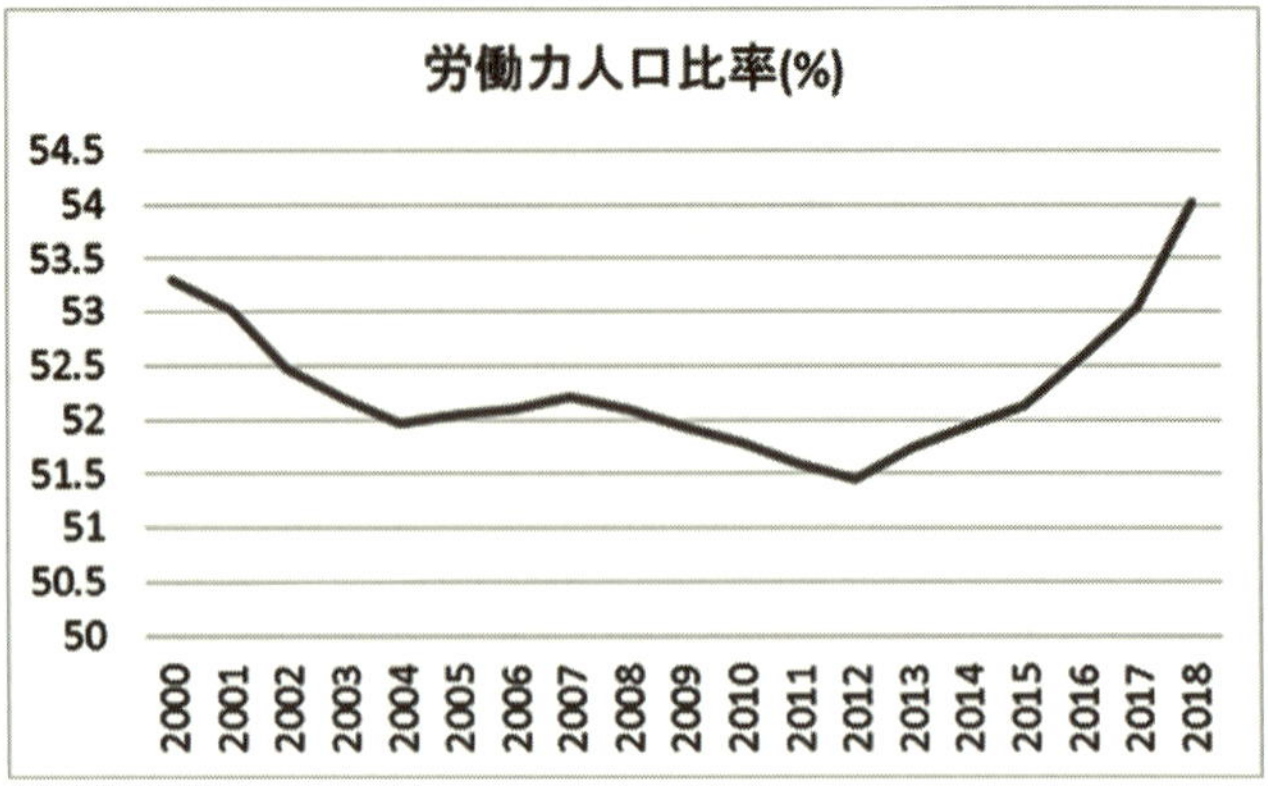

近年、あらゆる労働力人口の推計が上方に裏切られ続けているのです。

これは、高齢者はたしかに増えてはいますが、他方で子どもが減っていますし、主婦や退職者が働きに出るようにもなっているからです。今後主婦や退職者の社会進出がさらに進んでいけば、この比率が下落して困る事態にはなりません。将来75歳以上人口の割合の到達点は4分の1、そのときの14歳以下の子どもの割合は1割と予想されていますから、これまでどおり5割が働くというのは可能なことです。

というわけで物理的には可能なのですから、あとは年金などの制度はこれが回るように作ればいいだけだということです。私は、誰もが等しく十分なくらしが保障される分の年金は、保険ではなく国の財政で対応するべきだと思います。それ以外の分の年金については、株のもうけは分離課税をやめるべきだという話がありますが、むしろ逆に、それ以外の年金やそのほかの財産所得はみんなまとめて分離課税にして、そこに普通の所得税よりも強い累進課税をかけるというのは、就労を促す一案だと思います。配偶者控除はやめにして、（厳しい残業規制と合わせて）所得税の累進性を強め、社会保険料も累進制にするというのも一案だと思います。累進性は世帯ではなくて個人にかかるから共働きの方が有利になりますし、くらしが苦しい普通の庶民の負担は減らせます。

問題なのはふつうの消費生活をするための年金のことよりも、高齢化で介護や医療やそこから波及する労働がたくさん必要になることでしょう。これは先ほども述べましたように、社会の中で労働の配分を減らしていいものをみんなで合意して、そういったものの生産が減るような税金をかける。あるいはそういうものへの財政支出を減らすということでまわしていくしかありません。

もちろん、労働生産性が上がれば、ひとびとに必要な生活物資を少ない労働で生産することができますし、そうすれば、生産性が上がった部門の労働配分を減らして介護など必要なところの労働配分を増やすことができます。円高を放置して産業空洞化が進行するなどがあれば別ですが、普通はそれぞれの財の生産で労働生産性が下がるということはありませんし、長い目で見たら多少は生産性は上がります。ひょっとしたら、人工知能などで画期的な生産性上昇が起こるかもしれません。そしたら問題は解決されるということになりますが、しかし、それを政府が自由にコントロールすることはできませんし、それをあてにして社会保障制度を作るわけにはいきません。むしろ、もしそんなことが起こったら、余った労働をいかにスムーズに摩擦なく必要なところに配分するかということを、制度として考えるべきでしょう。

Ⅱ　反緊縮経済政策モデルマニフェスト２０１９

「ひとびとの経済政策研究会」

〔マニフェスト作成のいきさつ〕

「ひとびとの経済政策研究会」は、私（松尾匡）が、関西学院大学の朴勝俊さん、長浜バイオ大学の西郷甲矢人さん、立命館大学の橋本貴彦さんたちと、2016年に作った研究会です。これまで、セミナーや講演会の主催・共催や、経済政策についてのレポート（2019年5月までに12本）、欧米の文献の翻訳（同8本）を発表してきました。詳しくは、左記のブログをご覧ください。中でも、綱領的な文書「経済八正道」にお目通しいただけたら幸いです。

https://economicpolicy.jp/

特に、ここで取り組んだ一般向けの講演事業の中で特筆すべきものに、当時つながりができたばかりの、山本太郎参議院議員との共同企画があります。全4回にわたる講座、「全てのひとびとのための経済学講座」です。これは、反緊縮の経済政策を理解するための基本的な経済学と経済知識を、朴さんが中心になってパワーポイントと台本にまとめて、それを、山本太郎さんがスライドを進めながら一般市民の方々の前で読み上げるというものでした。私はこの案を聞いてプロの俳優にタダで演技させるという不遜な発想に身が縮んだのですが、太郎さんは快く朴さんの特訓を受け、毎回楽しそうに実演されていました。会場の準備、後片付けを、参加した一般市民の方も主催スタッフも太郎さんもいっしょになってやって、太郎さんを中心に毎度懇親会が大盛り上がりしていたことは本当にいい思い出です。

そんな中の、２０１７年の秋。急遽解散総選挙の情勢の中で、太郎さんから、自由党の経済マニフェストに提案するための下案を作って欲しいとの依頼をいただきました。期日がすぐ目の前だったもので、「ひとびとの経済政策研究会」で大騒ぎで案を作ることになりました。とにかく間に合いそうにないので、途中段階で節目ごとに送って、なんとか期限ギリギリに送信したのですが。そのとたん、例の「希望の党」騒動があって、自由党は党としての立候補はしなくなり、せっかく作ったマニフェストは宙に浮いてしまいました。

まあ、そういうわけで報酬を受けたわけでなく著作権はこっちにまだあるし、このまま腐らすのはもったいない。その後も修正をかけて、ともかく誰かに採用してもらえればいいと、修正の途中段階のものを、その都度、あちこちツテを尽くして左派・リベラル派の候補者に送っていったのですが、どこからも反応がないまま、選挙も終盤になってやっと完成。「反緊縮経済政策マニフェスト2017」と題して発表しました。この名前でネットを検索すればすぐ出てきます。

さてその後、2019年に入って、「ひとびとの経済政策研究会」の中心メンバーと運動家の人たち、友人たちで、「薔薇マークキャンペーン」という取り組みを始めました。これは、2019年夏の参議院議員選挙と、その前段の春の統一地方選挙で、私たちの望む反緊縮の経済政策を掲げた候補者に、認定マークの薔薇マークを出して、有権者に選択肢を可視化するという運動です。経済学者や文化人の人たちなど22人（同年5月現在24人）を呼びかけ人に集めて立ち上げました。

この際、「ひとびとの経済政策研究会」では、薔薇マーク認定を受けた候補者の人たちに参考にしてもらうために、「反緊縮経済政策マニフェスト2017」を手直しし、「反緊縮経済政策モデルマニフェスト2019」として、薔薇マークキャンペーンの公式サイト内に公表しました。ここにそれを収録しておきます。

このモデルマニフェストの文責は「ひとびとの経済政策研究会」にあります。これは、薔薇マークキャンペーンの組織的一致がある文書ではなく、**呼びかけ人は個々の内容について責任を負いません**。また、薔薇マークキャンペーンが候補者に対して**薔薇マーク認定**

条件として採用を求めているものでもありません。

このマニフェストのねらい

わたしたち「ひとびとの経済政策研究会」は、反極右・排外主義、反差別、労働者の団結のために立ち上がった政治家たちを応援しています。私たちは、安倍政権を支えた「リフレ」政策を超克する、福祉国家思想と新しいケインズ主義と融合させた経済政策を打ち出しており、その要点をまとめたものが、このモデルマニフェストです。2019年にも、国政選挙が待っています。左派・リベラル派は、ひとびとの暮らしの中での苦しみや不安に耳を傾け、経済を劇的に改善する政策を打ち出すことができれば、大きく躍進できるに違いありません。

この日本では、国債発行による財政破綻の危機論や、消費税増税論、量的金融緩和批判など、財務省や日本銀行系のエコノミストの偏った意見を、新聞各紙が流布しています。あたかもそれが「健全な財政政策や金融政策」と受け取られ、旧来の左派・リベラル系の政治家たちもそれを信じ込んでいるようです。しかしそれは、欧米流の新自由主義の緊縮政策とほとんど同じものです。緊縮政策は経済を停滞させ、かえって財政を悪化させ、ひとびとの暮らしを不安定化させ、社会の摩擦を大きくしました。日本では、歴代の政権や旧日銀の「健全」をはきちがえた政策がデフレ不況を長引かせ、失業率と自殺率を長期にわたって長引かせました。民主党政権が「日本の財政が危ない」として、自民党や公明党との「三党合意」で導入を決めた消費税増税が、日本の経済回復にとって重たい足かせになっています。

ヘタな「アベノミクス批判」では、安倍政権を退陣させることはできません。しかし、このマニフェストに沿った政策を打ち出して、「私たちなら安倍政権よりももっとうまくやれる！」とすれば、必ず勝機が訪れます。以下の各項目は、各政党の方々がなるべくそのまま活用できるよう、有権者に対するご説明とお約束の形で書かれております。全部で28項目の約束が掲げられていますが、候補者の方々におかれましては、まずは受け入れやすいものだけを採用していただいて結構です。

（1）消費税を上げて不況が戻ってもいいのですか？

【1】〈消費税の税率を5％に〉

消費税の税率を5％に戻し、景気回復を促進します。（地方消費税1・7％は据え置きます。介護保険関連用品の販売・レンタル・住宅改修は非課税とし、一部の贅沢品（サービス）への特別に高い率の間接税を復活させます。）

やっと長かった不況時代を抜け出たかに見えた2014年春、消費税が5％から8％に引き上げられました。そのとたん、また景気拡大がストップしたことは記憶に新しいところです。消費は低迷し、正社員の賃上げは頭打ちになりました。

2017年4－6月期に、実質消費は、ようやく消費税引き上げ前の正常なレベル（つまり、駆け込み需要が見られた時期より、さらに前の時期の水準）を、ちょっとだけ超えるところにまで回復しました。

消費税引き上げの傷が癒えるのに、実にまる三年もかかったことになります。しかし、平均的な実質賃金は、まだまだ消費税引き上げ前のレベルに戻ってはいません。

ところが安倍首相は、２０１９年10月に予定されている、８％から10％への消費税引き上げを、予定通り実施するとしています。中国はバブル崩壊しないか、トランプ政権の通商政策は大丈夫か、世界経済が不安だらけの中で、またまた大きな打撃を経済に与えて大丈夫なのでしょうか。消費税再引き上げのせいで不況になったら、またも税収は低迷し、オリンピックや高齢化で物入りのときに税収が足らなくなり、何のために税率を上げたのかわからない事態になるでしょう。

以前から消費税の税収は社会保障に使われると言われてきました。しかしそれは違います。消費税は富裕層や大企業を減税するための財源でした。庶民にとっては、「下から上へ再分配」によって、毎日の生活の切り詰めを強いられ、失業や就職難におびえることになるというひどい話です。

安倍首相は、今度の増税分は教育無償化に使うと言っています。しかし、消費税引き上げで景気が挫折したら、せっかく低下傾向にある子どもの貧困率も改めて増加に転じるでしょう。結婚や出産をあきらめる人も増え、家計を支えるために進学をあきらめる青少年も増え、何のための教育無償化かわからなくなるでしょう。

まだ日本経済は消費税のさらなる引き上げに耐えられるほど回復しきってはいません。たった2％の物価安定目標が達成できないことが、その証拠です。私たちは、今はむしろ、この物価安定目標を達成し、景気回復を確実にするために、消費税は引き下げるべきだと考えます。具体的には税率を5％に戻すことを約束します。2014年に消費税を3％引き上げたときには、実質消費額もちょうど3％減少しました。いま、これとは逆に消費税を3％引き下げれば、実質消費が3％増えて景気が回復し、雇用・賃金・税収の増加が起こると考えられます。

なお、消費税の1・7％分は地方消費税として地方自治体の重要な財源となっていますので、手をつけないこととします。また、介護保険関連用品の販売・レンタル・住宅改修は非課税とします。その一方、一部の贅沢品（サービス）への特別に高い率の間接税を復活させます。

私たちは、増税が必要ならば、まずは、いま空前の利益を手にしている大企業や富裕層に負担を求めるべきだと考えます。やがてデフレを脱却し、十分な好景気が定着した段階で、他の方法を尽くしてそれでも財源が足りなければ、消費税に頼ることは否定しませんが、その場合には改めて民意を問うことをお約束します。

（2）働きたい人が誰でもまっとうな職で働ける世の中に！

——雇用創出・最低賃金引き上げ・労働基準強化

【2】〈100万人分のまっとうな労働需要を追加創出〉

このマニフェストで掲げる、ひとびとのための財政出動で、**100万人分**のまっとうな労働需要を追加創出し、**リストラも就職難もない時代**を確実にします。

【3】〈同一労働同一賃金を実現〉

同一労働同一賃金を実現します。労働規制緩和をストップして、望む人はみな正社員に転換できるようにしていきます。

［4］〈最低賃金を1500円に〉

最低賃金を時給1500円に上げ、その後5年分の引き上げスケジュール（物価安定目標の物価上昇率プラス推定労働生産性上昇率）を定めます。デフレ脱却が確実になるまでの間、政府が政策金融公庫を通じて**賃上げ資金を超低金利で融資**します。その財源は、政策金融公庫債を日銀が引き受けることによって賄います。

［5］〈雇用・賃金の男女格差を是正〉

雇用・賃金の男女格差をなくします。

［6］〈違法な不払い残業を根絶〉

残業の賃金割増率を大幅に引き上げて、労働時間の短縮を促し、雇用の一層の拡大につなげます。

労働基準監督所の予算と人員を拡充して、違法な不払い残業（いわゆる「サービス残業」）を根絶します。法定労働時間も短縮します。

［7］〈望む人が働いて活躍できる保障を〉

障がいを負っても、子育てをしながらも、介護をしながらも、ガンをはじめとする重い病気と闘いながらも、働きたいと望む人が存分に働いて活躍できる保障を拡充します。

［8］〈外国の労働者を虐げて低賃金競争を強いる「労働ダンピング」は許しません！〉

私たちは「労働ダンピング」は許しません。貿易相手国におけるまっとうな賃金と労働条件は貿易交渉の議題とします。国内で行われている「外国人技能実習」名目の外国人奴隷制度やそれと同様の制度は廃止します。労働者の権利を抑圧する国に工場移転した企業の利潤送金には特別の課税をします。不況時には、決して円高にしないよう、為替介入をためらいません。

【非自発的失業ゼロをめざす大規模な景気対策】

私たちは、働くことができない人々の人生についても、働かないことを選んだ人々の暮らしについても、そのかけがえのない価値を尊重します。他方で、勤労が日本国憲法でも国際人権規約でも掲げられる基本的人権であり、多くの人にとっての根源的欲求であることも、また事実として強く尊重します。失業や就職難は、人から暮らしの手段を奪うだけではなくて、尊厳を奪い、社会にとって最も大事な生産能力を損なっていきます。

長期不況時代は毎年たくさんの人々が、失業などが原因で自ら命を絶ちました。これは社会による理不尽な殺人です。小泉「改革」による就職氷河期に就職できなかった多くの若者が、フリーターとして不安定な職に就かざるを得ませんでした。彼らはまとまった学習・訓練時間をとれずに資格もとれず、長引くフリーター歴がますますハンデになって、下の世代が景気回復で就職していくのを尻目に、正社員就職できずに齢を重ねています。彼らは社会保険料を十分に納めることができません。このまま彼らが、正社員として就職できる年齢の限界を超えてゆくことが心配です。健康を害したり、引退する年齢に達したときに、本人にとっても、財政にとっても、大きな負担になることが懸念されます。これは早急に政治の責任で対処する必要があります。

長期不況を悪化させたのは緊縮政策です。政府の政策によって、たくさんの生命が奪われ、たくさんの若者の人生が狂わされたのは、先の大戦以来のことだと言えます。このようなことは、二度と繰り返されてはなりません。

私たちは声を大にして言います——**質の高い完全雇用は実現可能です！**

安倍政権下でも歳出が抑制されていた間は見事に景気拡大がストップしました。歳出削減で景気がよくなることは絶対にありません。

私たちは、財政・金融・分配政策を総動員して、**失業や就職難のない時代を確実にします。**万一景気が後退しても、直ちに大規模な景気対策を打ち、**あの長期不況時代が再現されることは絶対にないようにします。**

【不本意非正社員ゼロ・同一労働賃金格差ゼロ】

しかし、雇用が増えても、賃金が低くて過酷でいつでもクビにされかねないような雇用ばかりでは意味がありません。1995年に日経連が号令を出して以来、労働者派遣業の規制緩和が行われ、のちの小泉「改革」ではさらなる雇用の流動化政策が進められてきました。それ以来、雇用の非正規比率は上昇を続けました。同じ仕事を、もっと安い賃金でさせることができるならば、企業が正社員を雇わなくなるのは当然です。

こうして、小泉改革後の景気回復でも、安倍政権期の景気回復でも、企業が空前の利益を上げて、株の配当はどんどん高まった一方で、平均賃金は上がらず、労働分配率は下落し続けました。そのため、消費は低迷し、庶民にとって実感のない脆弱な景気回復になったのです。

民主党政権期以前の長期不況時代に職を得ることができず、安倍政権になってようやく職を得た人は、どんなにひどい労働条件でもそれだけで「ありがたい」と思ったことでしょう。そして、過去数回の選挙では、どんなに安倍首相の政治に反対でも、景気を良くする方法を知らない野党が選挙に勝ってまた不況になって職を失うことを恐れて、安倍自民党に投票し続けた人が多かったことと思います。

しかしもうそんな心配は要りません。私たちは、もう不況で職を失うことなく、もっと安心できる、もっとまっとうな働き方の仕事で働くことができることをお約束します。差別的待遇にもひどい労働条件にも雀の涙の賃金にも、もう我慢することはありません！

正社員と同じ仕事をしている非正社員は、賃金もいろいろな保障も正社員と同じになるようにします。そのことは正社員のみなさんにとっても、自分たちの雇用を守ることになります。さらに、偽装請負を根絶し、事実上の雇用関係はきっちり雇用関係として扱うことにして、工場やオフィスで働く人についても、芸能人やAV女優やプロスポーツ選手に対しても、学習塾や音楽教室の教師に関しても、企業の雇用責任を全うさせます。

このようにすれば、企業にとって非正社員をこき使うメリットはなくなります。さらに、既存の非正社員が職を失わないように慎重に工夫しつつ、非正社員の雇用に対する再規制を進め、積極的な景気政策で雇用を拡大することと合わせて、非正社員のうち、希望する人たちが正社員に転換できるよう法制度を整えます。

もちろん、正社員と非正社員の格差だけでなく、男女の賃金格差もなくし、同一労働同一賃金を全うします。

【最低賃金大幅引き上げ】

そして、最低賃金を大幅に引き上げます。これは、単にまともに暮らしていける賃金を実現するにとどまりません。企業にとって、正社員をやめて非正社員を雇うメリットが少なくなりますので、正社員の雇用を増やす効果があります。それは正社員にとっても賃金上昇の圧力になります。

そして、すべての産業にとっての共通のコストであり、消費需要のもとでもある賃金が上がる予想が確実になれば、デフレ予想は解消されます。債務負担の目減りが予想され、設備投資だけでなくて、住宅投資、耐久消費財投資、学資ローンを借りた進学なども興ってきて、景気が押し上げられるでしょう。

今とられているインフレ目標政策では、たとえ人々がインフレ予想を抱いたとしても、賃金の上昇の方は誰も予想していません。その結果、多くの人々はかえって将来の生活が苦しくなることを見越して、貯金を増やすために消費を抑えています。景気拡大にとって逆効果なことが行われているのです。

【過労死ゼロ・違法残業ゼロ】

ところで、電通社員自殺事件が問題になったように、過酷な労働で心身を壊す人は増え続けています。今後、人手不足の進行とともに、長時間労働問題は深刻化していくものと見込まれます。過重労働の解消は、人間らしい暮らしのためばかりでなく、景気回復にとっても少子化の緩和にとっても重要な課題です。ところが、２０１４年に過労死防止法が施行されたのに、その後2年間で過労死・過労自殺は増加しています。それに追い打ちをかけるように、安倍政権は「働き方改革関連法」なる一連の法律を成立させ、過労死ラインを超える長さの労働時間を「上限」として公認してしまいました。「高度プロフェッショナル制度（高プロ）」などと称して、労働時間規制をはずしてしまう職種を増やしたり、営業職の一定時間以上の労働を、労働と認めずに残業代も払わないようにしました。

こんなことを許してはなりません。２０１０年施行の改正労働基準法37条は、月60時間を超える時間外労働の割り増し賃金を25％から50％に引き上げましたが、いまだに中小企業については適用猶予になっています。この適用猶予を廃止し、さらに大企業については割増率を引き上げることが必要です。

また、法定労働時間も短縮します。労働基準法違反に対しては罰則を大幅に強化します（人間を死に追いやって罰金たったの50万円はあり得ません）。これらの措置の実効性を高めるために、労働基準監督署には、十分な予算をかけて、人員も装備も充実させます。こうして労働時間が短縮されれば、その分、雇用の拡大が進むことになります。

【不本意離職ゼロ】

また、働きたい人が働けるようにすることは、ただ景気対策だけで可能なものではありません。働くことへの困難にあうことは誰にでも起こり得ることです。障がいを負ったり、子どもができたり、親族に介護が必要になったりしても、働きたい人がハンデなく働き続けられることを保障する職場側の制度は拡充されなければなりません。同じことは、ガンなどの難病の治療を続けなければならなくなった人にも言えます。特に末期のガンなどで余命を限られた人にとっては、生きることの意味が重大になります。残された時間で温泉旅行などを楽しむ人生を選ぶことも最大限尊重するべきですが、働き続ける人生を選んだ場合には、それを同じくらい尊重するべきです。こうした制度を整えることは、長い目で見て企業にとっても有益であるだけでなく、社会の生産力の拡大にとっても有益ですから、公的な支援策を充実させることが求められます。

もちろん、男女の賃金格差、雇用格差はなくします。産休・育休は男性も取得するよう義務づけます。

【外国の労働者を虐げて低賃金競争を強いる労働ダンピングは許さない】

そして、この項目の最後に、国際貿易におけるいわゆる「労働ダンピング」を許さないという立場を明瞭にしておきます。今、世界の労働者が競争に追い立てられ、賃金やその他の労働条件をお互いに切り下げていることで、大企業側が大もうけしている現実があります。私たちはこの現実に終止符を打ちます。

まともな労働条件は公正な貿易がなされる大前提です。ある国の企業や政府が労働運動を押さえつけ、低賃金のひどい労働条件でひとびとを働かせて作った格安の製品を輸出して、労働運動が比較的しっかりした、賃金もその他の労働条件も高い国の産業を破壊して雇用を奪ったら、どちらの国の労働者にとっても不幸になります。ですから**貿易交渉で、労働者の権利の保障やまっとうな賃金や労働基準を求めることは、全く公正なことです。**私たちは自由貿易の利益を深く理解しますが、このような前提が満たされない国からの輸入品に関税をかけることは、否定されるべきことではないと考えます。

ＴＰＰは白紙に戻し、労働者の権利保障と高い労働基準（および高い環境保護基準）を共通化して、それを国際的にしっかりと守らせる仕組みを備えた協定として、再交渉するべきです。

外国人労働者の問題についても同じです。日本国内の外国人技能実習制度は、そのあまりにも人権を無視した奴隷的な労働実態から、国連人権理事会では廃止するよう調査報告されています。**このような奴隷制度が公然と存在していることは、世界に対する日本の恥ですから、**私たちはすみやかにこれを廃止します。また、入管法が「改正」され「特定技能」を有すると謳われた単純労働者たちの受け入れが決定されましたが、このままでは日本国内の賃金上昇が抑えられ、デフレ脱却も遠のくだけでなく、外国人労働者の搾取も強化されかねません。私たちは日本国内の労働者の処遇と、外国人労働者の権利の両方を守ります。日本人と同じ賃金と労働基準を厳格に適用し、低コストの外国人労働者受入のために日本に元からいる労働者の雇用が奪われないようにします。そして、「安価な労働力」という下心で外国人労働力を導入しようという、あらゆる試みに反対します。

これは、いささかも排外主義に与するものではありません。同一労働同一賃金の原則をあらゆる民族・国籍の労働者に広げ、（2）で掲げた積極的な雇用拡大政策とも合わせて、雇用をめぐるダンピング争いをなくし、多様な民族・国籍の労働者の間に団結を作るものです。

同様のことは、企業の海外進出についても言えます。労働運動が抑えられ、低賃金もひどい労働条件もまかり通る国に工場が移転し、国内の工場がたたまれてしまうことを許してはなりません。このようなことが起こったら、進出先の現地企業からの利潤送金に、巨額の税金をかけるべきです。

【不況期には円高にしません】

また、国際的な賃金格差は為替レートによってもたらされている側面があります。民主党政権以前の日本の政府は、景気後退期や不況期に円高を放置し、不況を激化させてきました。円高により、日本の賃金も製品価格も割高になり、価格競争力が著しく弱まりました。このために、優れた技術を持ち、地域で雇用を作ってきたたくさんの中小企業が、賃下げしてもコストカットしても間に合わず、倒産したり海外移転を余儀なくされたりしました。

私たちはこの愚は決して繰り返しません。**景気後退期や不況期に急な円高になったら、躊躇なく為替介入して円高を抑えます**。これは外国から批判される筋合いのものではありません。困ると言うなら、その国も為替介入すればいいのです。互いに自国通貨を出して外貨を買う競争の結果は決して「ゼロサムゲーム」ではありません。相対的な為替レートは変わらなくても、世界中でマネーが増えて景気がよくなります。逆にインフレが起こっているせいで自国通貨を安くできない国は、そもそも景気が加熱しているのですから、通貨が上がって景気を抑制する方向の力が働く方がよいのです。こうした国々からの「不当な為替介入だ」といった批判にとりあう必要はありません。

この項目2で述べた政策は、どれも働く庶民にとって切実な利益ですが、財界の利益に反する項目も多く含まれています。だから、財界から多額の政治献金をもらっている政党には実現することはできません。財界から一銭も受け取っていない私たちが政権についてこそ実現できることです。

（3）暮らしの苦しい庶民からこれ以上税金をとるな！政治が作った莫大なもうけからとれ！

デフレ脱却のために日銀が作るお金は、銀行に無駄にまわさず有効に使おう。
財政均衡にこだわるのは本末転倒。ひとびとの暮らしに奉仕してこそ真の健全財政！
――大企業や富裕層への課税強化・デフレ脱却設備投資補助金・物価安定目標

【9】〈法人税の優遇措置をなくし、すべての所得に累進課税を〉

法人税が減税される中で、大企業は史上空前の利益を毎年更新し続けており、貧富の格差も拡大しています。法人税の優遇措置をなくし、節税・脱税を困難にします。法人税と、所得税の累進性とを、まず90年代はじめのレベルにまで引き上げ、さらに数年がかりで引き上げていきます。

所得税の分離課税をなくし、金融資産などからの所得も他の所得といっしょにして累進課税することにします。

【10】〈富裕層に対する資産課税を強化〉

相続税、資産値上がり益（キャピタルゲイン）への課税（一定率以上の値上がりは、現金化しなくても課税）、タックスヘイブンへの逃避への課税、分離課税で守られている巨額の退職金への課税などを強化して、富裕層への課税を拡大する一方、庶民の負担を減らします。

【11】〈金融機関の野放図な融資を抑制〉

民間金融機関の野放図な融資をおさえ、土地などの資産バブル発生を防ぐため、地価税の復活、キャピタルゲイン課税の強化のほか、銀行の法定預金準備率を引き上げ、信用秩序維持のための規制を強化します。

【12】〈社会保険料も累進制にして国保など庶民の保険料負担を軽減〉

社会保険料も累進制にし、大企業と富裕層の負担を増やし、庶民の負担を減らします。特に、低所得者の国民健康保険料が高すぎるので、国費を投入して軽減します。

【13】〈環境税・トービン税を導入〉

二酸化炭素排出などに対する環境税を導入します。国際資金移動に課税するトービン税を導入し、世界に広げるように交渉します。

[14]〈「デフレ脱却設備投資・雇用補助金」創設〉

大企業優遇の租税特別措置をすべて廃止し、全企業を対象とした、「デフレ脱却設備投資・雇用補助金」に一本化することにします。この資金は、デフレ不況におちいってからデフレ脱却が確実になるまでの間、日銀の量的緩和マネーをゼロ金利で借りることで資金をまかなうものです。景気拡大効果が十分に出る規模のものとし、物価が上昇するとともに縮小して、物価上昇率が物価安定目標の率に達するとやめる仕組みです。

[15]〈健全財政の新たな基準を〉

健全財政の目的は収支の帳尻合わせにあるのではなくて、物価変動の管理にあります。私たちはプライマリーバランスや国債の総額などではなく、対民間の政府債務の名目GDP比が発散しないことと、物価安定目標を守ることを、健全財政の新たな基準とします。物価安定目標を変更するときには民意を問うことにします。当面は、現日銀がかかげるインフレ目標2%を、物価安定目標の基準として引き継ぎます。

【16】〈財務省による硬貨発行で政府債務を清算〉

日銀保有の国債のうちの50兆円分を、財務省が発行した硬貨で日銀から買い取り、政府の債務を清算します。これを手始めにして、物価の動向を見ながら、同様の措置を進めていきます。

【17】〈日銀法を改正〉

日銀法を改正して日銀は民主的コントロールのもとにおくこととし、その政策目標に「完全雇用」を加えます。

【史上空前にもうけている層を優遇して庶民につけまわし】

消費税を減税するのはいいけど、これから高齢化が進んでどうしても国の支出は増えていくのに、いったい財源はあるのかと不安に思われるかたも多いでしょう。財務省やマスコミがさんざん財政危機をあおっていますので、心配されるのも当然です。でもご安心下さい。あるところにはあるのです。

私たちは、暮らしが豊かでない普通の庶民から取り立てるのではなく、まずはたくさんもうけている大企業や富裕層に負担してもらうべきだと思います。

今、大企業や富裕層がどれくらいもうかっていると思いますか。大企業はあのバブル期をしのぐ空前の利益を上げています。２０１７年度の企業の経常利益は83・６兆円です。安倍政権誕生以前の２０１２年度が48・６兆円でしたから、なんと5年間で72％もの増加です。同じ間に、賃金全体（雇用者報酬）の増加は5年間で８・０％しか増えていません。雇用者数は７・１％増えましたから、一人当たりにすると０・９％しか増えていません。これを見れば、どれだけ偏った分配がされているかがわかります。

また、株の配当所得も増え続けています。安倍政権発足前の年と比べて、5年間で40・7％の増加です。年々２・４兆円ずつ増えている計算です。国全体の金融資産は、この5年間で９１０兆円以上も増えています。その所有者も主に、大企業や富裕層です。

にもかかわらず、大企業や富裕層を一方的に有利にさせる税制改革が続いてきました。１９９０年代には法人税の実効税率は約5割でした。それが、90年代末と民主党政権期に引き下げられました。さらに安倍政権になってからは、「世界で一番企業が活躍しやすい国」とのスローガンのもと、特に熱心に引き下げが続き、2016年に法人税率はついに3割を切りました。さらに2018年には29・74％にまで引き下げられました。それでも飽き足らず、経団連は消費税をさらに上げ、法人税を一層下げるように提言しています。

2016年の法人税減税に際しては、抱き合わせで、利益が出ていなくても課税される外形標準課税を拡大して、赤字法人は負担増で淘汰される設計がなされました。すなわち、多くの中小企業には負担増で、主に大企業ばかりがもうかる仕組みです。この法人税減税により、2017年度は国税で2390億円、地方税で3940億円の減収となりました（見込みベース）。

所得税においても、大富裕層に対する税金の優遇がなされてきました。1970年代には75％だった国の最高所得税率は、80年代、90年代を通じて引き下げられ、現在45％になっています。住民税も含めると、93％だった最高税率が50％になっています。税率の刻みの数も大きく減らされています。

また、小泉政権以降、証券税制優遇策や、個人投資家の投資利益に対する軽減措置など、資産課税の軽減策が進められてきました。しかも、株の配当や株を売ったときのもうけは、普通の所得とは切り離して課税され、どれだけもうかっても一律20％余しか税金がかかりません。大富裕層の人たちは、働いて稼ぐ所得よりも、労せずに株から入ってくる所得の方がはるかに多いですから、所得1億円を超えると、所得が高くなればなるほど所得全体に占める税率が低くなっているという現実があります。

このかん、財政赤字の拡大が問題にされてきましたが、その原因の第一は企業や富裕層に対して行われた減税です。消費増税や雇用流動化でみなさんの購買力を抑制して緊縮政策を続けたために、長期不況が深刻化したことも一因ですが、それよりも法人税減税や、所得税の累進度の軽減で税収が減ったことが最大の要因です。このつけを庶民にまわすような政治をこれ以上続けてはなりません。

【大企業や富裕層の負担を増やして庶民の負担を軽減します】

私たちは、法人税と所得税の累進性を１９９０年代初頭のレベルに戻し、時間をかけてさらに引き上げていきます。外形標準課税は縮小します。そうすれば、景気が過熱した時には自動的に増税になって景気を冷やし、不況になった時には自動的に減税になって景気を支える、経済安定化機能が働きます。

株からの利益など、財産所得はすべて他の所得といっしょに総合課税して、超高額所得者にも所得に応じた税金をきっちり支払わせる仕組みにします。

そのほかにも現在は富裕層優遇の税制がたくさんありますが、すべて見直し、公平な制度に改めます。相続税はスタートラインを平等にするために重要ですが、法定相続人3人の場合で4800万円の基礎控除は庶民水準からすると高すぎます。他方で、貧困な子どもなどへの他人からの援助が課税で阻害されることは不合理です。受け取る側の、受け取ったあとの総資産額に、庶民にとって常識的な上限を設け、そこに至るまでは、血縁のあるなしにかかわらず、遺贈・譲渡を非課税として、それを超える分の相続税率は引き上げます。

また、景気が過熱したときのバブルの進行を防ぐため、資産価格の上昇がある一定率を超えた時には、たとえ売却益を得ていなくても、資産価格の上昇分に課税します。さらに、タックスヘイブンへの課税逃れを捕捉して適正な課税をします。また、退職金は、多くの庶民は控除だけで全額非課税になるので、巨額の退職金を守るためだけにある分離課税制度は廃止します。

金融資産の一定以上の保有額に対する低率の課税も導入します。再びデフレ不況に陥ることがあったならば、この税率を引き上げて支出を促します。その際、現金による巨額のタンス預金を防ぐため、現金は新札に切り替えて、旧札を無効にして交換手数料をとります。

民間金融機関の野放図な融資をおさえ、土地バブル発生を防ぐため、現在停止中の地価税を復活し、地価上昇の進行とともにさらにこれを引き上げます。また、土地やその他の資産バブルを抑えるための策として、銀行の法定預金準備率の引き上げを行います。信用秩序維持のために、金融業に対する規制を強化します。

社会保険料も、保険料がかかる所得の上限制を撤廃して累進制にし、富裕層優遇をなくす一方で、保険料率を下げて庶民の負担を軽減します。企業の負担も増やします。

特に、自営業や非正規労働や無職の人の払う国民健康保険料は、同じような中小企業労働者と比べて負担が二倍以上となることが指摘されるなど、高すぎるとされています。滞納世帯率は15％を超え、無保険者や受診遅れによる死亡例も少なくなく、深刻な問題になっています。そのため全国知事会、全国市長会、全国町村会が「国保の構造問題」として、公費1兆円を投入して、中小企業労働者との格差をなくすことを要求しました。私たちは、ただちにこれを実現します。

あらゆる税金の経験則は、税金をかけられたものは減る、ということです。世の中にとって、「減らした方がいいもの」にかけるべきです。そう考えると、環境税の導入が理にかなっています。そこで二酸化炭素の削減効果があるとされるトンあたり1万円の炭素税を導入します。日本の温室効果ガス排出量は、2017年の実績で、およそ、二酸化炭素換算12・9億トンでした。仮に、この炭素税によって排出量が20%減少するとすれば、残り80%への課税によって10兆円強の税収が入ります（そこまで排出削減効果がなければ、税収はもっと増えます）。また、投機目的の短期的な取引を抑制するため、国際通貨取引に課税する「トービン税」を導入します。

【緩和マネーで「デフレ脱却設備投資・雇用補助金」】

こんなふうに企業に対する負担を増やしたら、企業が海外に逃げてしまうでしょうか。心配には及びません。海外進出企業に対する経済産業省の調査によれば、法人税が今よりずっと高かった昔から、海外進出を決める要因は、現地の市場要因などが大半で、税制を要因にあげる企業は常に少数派です。

企業を海外に逃がしたくなかったら、無理な円高にしないことが一番です。

もちろん、政府間の税金ダンピング競争は許しませんし、大企業の税金逃れも防ぎます。世界中で抜け駆けなく企業への応分の課税負担を高め、タックスヘイブン規制や環境税、トービン税の導入を世界中に広めるために、私たちは国際的な交渉に力をつくします。たとえ私たちが政権につくことができなかったとしても、世界中のひとびとと連帯し、これらのことを要求する国際的運動を進めていきます。

私たちが計画している、ひとびとのための潤沢な支出をまかなうだけの、十分な財源の負担を企業や富裕層に課したなら、設備投資などの支出が減って総需要が抑えられるという心配があるかもしれません。実のところ、いずれ景気が過熱してインフレが進行しているときには、インフレを抑制するために、増税による設備投資需要などの抑制はむしろ、必要不可欠なものとなります。

しかし、不況時や、景気拡大が不十分なときには、課税が総需要を抑制する効果は、問題になるかもしれません。そこで私たちは、今回のデフレ的状況から脱却するためと、再びデフレ不況におちいったときに備えて、「デフレ脱却設備投資・雇用補助金」を導入します。これは、景気を押し上げるために、企業に対して設備投資や新規雇用の補助金を与えるものです。その財源は、日銀が市場から国債を買い上げて量的緩和資金を創出する中で、政府が国債を発行して調達します。これにより、ゼロ%に近い低金利で政府は資金を調達できます。企業にとっては、利益をため込んで税金を余計に納めるよりも、事業のために支出した方が有利になりますから、設備投資や新規雇用を拡大させ、景気回復に寄与することになります。この際、複雑怪奇な大企業優遇の租税特別措置をすべて廃止し、この補助金に一本化します。

この補助金は、景気が拡大するとともに縮小し、物価上昇率が物価安定目標の基準値を超えたら停止します。すると企業の正味の税負担が重くなり、総需要が減って物価上昇が抑制される仕組みです。

【財政危機はまやかし。国債の半分は無いのと同じ】

このような提案をすると、国の借金が膨らんでいるのにこれ以上借金を増やすのかと心配されるかたも多いことでしょう。ご心配には及びません。日本が財政危機にあるというのは新自由主義者たちによるまやかしの議論です。「財政規律が乱れる」などの財務省やマスコミ、大資本による「財政破綻注意報」の声に惑わされる必要はありません。プライマリーバランス目標は無意味です。

２０１８年9月時点で、普通国債の発行残高は約８６０兆円です。その半分以上（約４６０兆円）は日銀が保有しています。統合政府の考え方、つまり日本銀行は政府の子会社だとする考え方にそって考えれば、国債の半分はすでに返済が終えていることになります。というのは、日銀の金庫の中の国債は、返す期限がきたら借り換えをして延々と返済期限を引き延ばすことができますので、政府は事実上おカネを返さなくていいのです。政府が日銀に払う国債の利子も、日銀の利益として、「国庫納付金」として国に返す決まりになっていますので、結局払わないこととといっしょです。つまりこの間の事実として、日銀が数百兆円ものおカネを作って、政府が民間から借りたお金を返してしまったのだと言えるわけです。だから政府が返さなければならないのは、いまだに民間にある国債だけです。

たしかに、将来、物価上昇が進んだときには、それを抑える金融引き締め策の一環として、日銀が手持ちの国債を売って民間から貨幣を吸収する（つまり「国債売りオペ」をする）可能性があります。そうするとまた､その国債は民間に対する借金になります。あるいは、インフレ抑制のために、日銀の金庫の中の国債の一部について、期限がきても借り換えせず、政府が日銀におカネを返して、日銀に貨幣を吸収させるということもありえます。そのために、多くの人々が、いま日銀の金庫に入っている国債もやはり国の借金なのだと信じ、国の借金が1000兆円を超えているなどと心配しているのです。

しかし、金融引き締めには国債売りオペ以外の方法もたくさんありますし、売りオペが行われるとしても、それは日銀の持っている膨大な国債の一部でしかありません。国債の大部分は、永遠に返されることなく、日銀の金庫の中に存続しつづけるのです。日本銀行の会計上、完全雇用の正常な経済をまわしていくために必要な貨幣が世の中に出されているためには、日本銀行はそれに対応する国債を資産として保有していなければならず、むやみにこれを減らすわけにはいかないのです。

だから、デフレ不況から完全雇用経済に達するための財政出動を国債でまかない、その分の国債を日銀が買って、拡大した経済に必要な貨幣を世の中に供給したならば、その国債は返さなくていいことになります。つまり、デフレ不況期には「無借金」での政府支出を行うことが可能なのです。経済の規模が名目的にしろ成長するならば、それに対応した貨幣量も成長するので、日銀の金庫の中の返さなくていい国債の量も成長していくことになります。

【物価安定目標を健全財政の新基準に】

日本はプライマリーバランスを財政健全化目標としていますが、これは世界的に見ても特異なことです。Ｇ７のサンクトペテルブルク首脳宣言でも、各国の財政健全化目標は債務対名目ＧＤＰ比率を、持続可能なものにする、ということになっています。

そもそもなぜ財政規律を守る必要があるのでしょうか。それは、財政赤字があまりに膨らみすぎると、究極的には、物価上昇がひどくなって経済が混乱し、人々の暮らしが苦しくなるからです。それは逆に言えば、物価上昇がひどくならないように財政を管理できればよいということです。プライマリーバランス目標など、財政の収支尻を合わせることはそのための、目先の手段の一つに過ぎません。このような手段を間違ったタイミングで使い、無理な消費税増税を行うと、かえって景気を悪化させて名目ＧＤＰを減らし、結果的に所得税・法人税などの税収も減らして、財政をさらに悪化させる可能性もあります。

昔のまだ統計技術が発達していないときは、物価を正確に測定することが難しく、物価上昇を予防するためにも、財政収支を厳しく見ることが合理的だったかもしれません。しかし今は、お店のレジの情報を直接集めて物価の動きをリアルタイムで把握することまでできるようになっています。したがって、直接に物価上昇そのものを財政支出の歯止めの基準にすればよいのです。

私たちの政策によれば、政府は「物価安定目標（諸外国なみの２％）」を立て、日銀がその目標を守るための金融政策をとります。物価上昇率が目標の基準率よりも低い間は、日銀が国債を買い上げて量的緩和を行いますので、それを背景に、国債発行による財政支出を進めることにします。そして物価上昇率が物価安定目標を超えたなら、日銀は金融引き締めに転じ、政府は税収の範囲で政府支出することにします。日銀の独立性は何ら損なわれません。

現行のインフレ目標政策は、人々に将来の物価上昇による借金の目減りを予想させ、設備投資や住宅投資などを起こさせて景気をよくしようという政策ですが、日銀が意図的に物価上昇を実現しようとしても、消費税増税が大きなダメージを与える中で、おカネを増やすだけでは、なかなか人々に物価上昇の予想を醸成することはできませんでした。それに対して、私たちの物価安定目標は、「歯止め」として設定するものです。そして、そこまでは、事実上は無借金で政府支出ができるならば、政府は歯止めギリギリまでそんな支出を必ず続けるだろうと、誰でも合理的に予想できます。すると、将来は物価安定目標通りの物価上昇率に落ち着くことをみんなが無理なく確信できます。その結果、資金の借り手は実質債務負担が増えないことが予想でき、設備投資や住宅投資の増加効果が確実になります。

物価安定目標の数値としては、当面は日銀が掲げる現行の2％を引き継ぎます。そして、この物価安定目標の率を変更するときには、民意を問うこととします。

【50兆円分の硬貨発行で日銀保有国債消滅】

なお、日銀の金庫の中の国債の多くは現実には世の中に出ることはないのですが、あたかも国が膨大な借金を抱えているような印象を人々に与え、そのせいでひとびとの暮らしのために必要な財政支出の妨げになっているのは困ったことです。そこで、政府が発行する貨幣、例えば、まず50兆円分の1兆円硬貨を発行し、約460兆円の日銀保有国債のうちからその分を買い取って、一気に借金を消滅させます。

この分は、日銀の帳簿上、決して減価しない資産となりますので、日銀のバランスシート上の問題も生じません。物価安定目標を守る約束がある限り、このせいで財政規律が野放図に緩む心配はありません。また、物価安定目標を1％程度超えた段階で、物価上昇率を目標値まで抑え込むためには、日銀が持つ残りの国債の一部を売ればすみます。

悪影響が何事も起こらないことが人々に認識されれば、物価動向を見ながら、同様の措置を進めていきます。

【ひとびとのための貨幣供給システム】

なお、この項目で掲げた諸政策を進めるために、日銀は選挙で示される民意のもとに、民主的にコントロールされる機関とし､その政策目標に､「物価の安定」に加えて「完全雇用」を掲げることにします。そのための日銀法の改正を行います。

デフレ脱却が課題となっているときに、日銀の緩和マネーを使って政府支出するには、直接に日銀が政府から国債を買う方が、余計なひずみの余地がなく､すっきりしています。したがって、日銀が政府から直接国債を買い入れること（直接的な財政ファイナンス）を禁止した財政法第5条は廃止し、新たに、物価安定目標を守る歯止めを法で定めた方がいいでしょう。しかし、法改正が難しければ、現状の量的緩和政策（間接的な財政ファイナンス）を続ける形でも差し支えありません。

いずれにせよこの方策は、物価変動の度合いに応じて、機敏に政府支出を増やしたり減らしたりできなければなりません。だとすると、調整の手段は、制度的に決まった経常的な支出では都合が悪いことになります。一旦始まったら物価上昇が進行しても事業規模を縮小できない公共事業でも困ります。

私たちがこのマニフェストに掲げる「デフレ脱却設備投資・雇用補助金」や「デフレ脱却手当」のような、簡単に規模を増減できる給付金が望ましいことになります。よって、国債の発行目的を公共事業のみに認める財政法第４条の規定は廃止します。

※ここで私たちが目指しているのは、欧米の多くの経済学者が提唱している貨幣システム改革です。

日本で流通している貨幣（マネー、Ｍ２）の金額は約１０００兆円ですが、そのおよそ9割は民間銀行が創り出した預金通貨であり、日本銀行券は１００兆円にすぎません。つまり、民間の銀行が私的利益のための恣意的な判断で信用貨幣の供給を増減させ、中央銀行がそれをサポートするだけの貨幣システムになっています。これは、銀行に過大な「貨幣発行益」をもたらすとともに、バブル景気とデフレ不況との振幅を大きくしています。実際のところ、日本銀行の「独立性」は幻想であり、それは民間銀行の動きに従属しているのです。

これに代えて、中央銀行が調節可能なもの（マネタリーベース、２０１８年11月現在約５０１兆円）

がマネーの大部分を占め、民主的に選ばれた政府が景気の動向に合わせて、恣意性なく公平にそれを人々に直接的に供給するシステムを実現します。景気過熱期には、物価上昇を抑制する金融引き締め政策をとる上で、日銀による国債売りオペは最小限にとどめ、主に銀行の預金準備率を引き上げることで対処します。他方で、景気が悪化したときには主に日銀の緩和マネーで、ひとびとへの貨幣配当などに財政支出することで対処してゆけば、景気循環を何度も経るごとに、長期的には銀行の預金準備率が高まっていき、民間銀行ではなく政府と中央銀行がマネー供給の大部分を占める制度へと、システム改革が実現されていきます。

（4）力ある者の意のままで人の明暗が分かれない公平な世の中を

誰もが貧困のリスクなく、かけがえのない自分の人生を自由に選択し、何度でもチャレンジできるのが、真に自由な世の中です。

――特区制度廃止・ベーシックインカム・長期計画の公共インフラ建設

[18]〈すべてのひとびとのための公金支出〉

安倍首相をはじめとする権力者の「オトモダチ」のための「成長戦略」（経済特区、民営化、東京五輪、大阪万博、カジノ、法人税のさらなる引き下げ）ではなく、「すべてのひと」のために公金と政治権力を使います。

[19]〈経済特区制度は廃止〉

政治家や官僚のえこひいきが幅を利かす経済特区制度はやめにします。

[20]〈ベーシックインカムを導入〉

貧困に苦しむ人の生殺与奪の権限を、末端の公務員が握る生活保護制度はやめにして、誰もが公平に受けられて、安心して生活できる、ベーシックインカム制度を導入します。

[21]〈「デフレ脱却手当」で月1万円配布〉

まず手始めに、「デフレ脱却手当」をすべての日本在住者（一定期間以上居住する人々）に一人月1万円ずつ配ります。これは、デフレ不況におちいってからデフレ脱却が確実になるまでの間、日銀の量的緩和マネーをゼロ金利で借りることで資金をまかなうもので、物価が上昇するとともに縮小して、物価上昇率が物価安定目標率に達するとやめるものとします。

[22]〈社会保障制度を組み替え〉

高齢者などの年金の一律の基礎的部分を一般会計から支出するものに改め、社会保険制度を組み替えます。やがてこれとともに、所得税の基礎控除や各種控除、子ども手当、その他各種の給付制度など、事実上の「特定の人々へのベーシックインカム」になっているものを組み替え、全てのひとびとへのベーシックインカムとして統合していきます。障がい者、罹患者など、追加的な助けを必要とするひとびとへの給付金を削ることはありません。これらの支給額も、物価安定目標の物価上昇率プラス一定率で上昇する仕組みにします。

【23】〈地方でも常に仕事が持続するインフラ事業〉

インフラ建設のための公共事業は、更新投資を中心に必要なものを厳選し、どんな地方でも常に仕事が持続するように長期計画を策定して、若者が安心してこうした仕事に就職して、しっかりと技術が伝承されるようにします。

【24】〈ひとびとの命や暮らしを守るのに必要な施設は建設を〉

次のような事業は、更新投資にかぎらず、新たな建設を行います。若者が安心して住める、格安の家賃の公営住宅、地方防災系公共事業、保育所、介護施設、医療機関などです。

【新自由主義がもたらした隷属社会】

以前、細川首相や小泉首相が、「小さな政府」「規制緩和」「民営化」と言った時、期待をよせたみなさんも多かったと思います。そんなみなさんは、そのときいったい何を期待されたでしょうか。今日、周知のように、日本の財政や規制は、安倍首相のオトモダチ連中の食い物にされています。経済特区、規制緩和、民営化、東京五輪は、一部の関係者に利権を発生させています。こんなことを期待されたでしょうか。

みなさんが期待されたのは、古い自民党政治の悪い面を壊すことだったに違いありません。それは、権力者や官僚が、現場の事情も知らずに勝手な判断で民間人に指図し、その結果ひとびとがしばしば理不尽な目にあっても、指図した本人は責任をとらない仕組みでした。こんな仕組みがあると、権力者や官僚の「恩寵《おんちょう》」にあずかろうとして、一部の取り巻き既得権集団が形成されるのです。

これを正したいというみなさんの気持ちは間違っていませんでした。リスクのあることは、民間人の判断にまかせてほしい。なぜなら民間人の方が現場の情報に通じ、決めたことに自腹で責任がとれるから。政治家や官僚は、あれこれ恣意的な政策や事業をせずに、**みんなに公平かつ明確にあてはまるルールを司る**役割だけを果たしてほしい。みなさんが、

「小さな政府」「規制緩和」「民営化」という言葉で期待したことは、理屈にするとこういうことだっただろうと思います。

ところが小泉改革以来、「小さな政府」「規制緩和」「民営化」と言ってなされてきたことは、この願いとは正反対ではありませんか。「役所が民間企業みたいになるべきだ」というような勘違いの解釈がまかりとおり、自腹で責任をとれないくせに、ブラック企業のワンマン経営者のように、リスクの高い政府事業を意のままに決める**モンスターリーダー**が次々と現れました。そのもとにはそんなリーダーを目指すモンスター議員が集まっています。経済特区制度に典型的に見られるように、「規制緩和」自体が、みんなに公平・明瞭に適用されるものではなく、権力者の意のままで適用されるようになっています。

「小さな政府」「規制緩和」「民営化」と言ってきた新自由主義の政治家は、「自由」「自由」と言っていましたが、その実、彼らの「カイカク」のもたらしたものは、たくさんの普通のひとびとが、いろいろなレベルで、権力を持つ人やおカネを持つ人の顔色をうかがい、彼らの好き勝手な判断にふりまわされて、かろうじて生活している隷属社会です。**もう「カイカク」にはうんざり**です!!

【えこひいきを許さない公平クリアな基準を】

私たちは、権力者や官僚の意のままになされる規制には反対ですが、権力者や官僚の意のままになされる規制緩和にも反対です。権力者のえこひいきが幅を利かす経済特区制度は廃止します。ましてやデフレ脱却が十分でないときに、規制緩和で競争を煽って倒産や失業を増やし、財やサービスの価格をムリに下げたらどうなるでしょう。将来の暮らしに不安を覚える人々は値下がりで浮いたおカネを消費に向けたりしませんので、デフレは悪化します。このようなことは、今やるべきことではありません。逆に、みんなに公平かつ明瞭にあてはまる規制ならば、もっと強化するべきものがたくさんあります。それは、環境や食品の安全、労働条件などの基準です。

同様に私たちは、権力者や官僚が意のままに食い物にする「大きな政府」には反対ですが、権力者や官僚が意のままに食い物にする「小さな政府」にも反対です。そうではなくて、みんなに公平かつ明瞭にあてはまる基準に基づき、豊かな財政支出がなされる「大きな基準政府」を実現します。

また私たちは、自腹で責任を負わず、現場の事情も知らない政治家が采配する公営企業には反対ですが、それが、現場の事情を知らない経営者が采配する巨大民間企業に置き換わったからといって、事態が改善されたとは思いません。むしろ、現場の利用者や従業者が責任を負ってリスクをとるための情報をもっているような場合には、彼らに事業上の意思決定権が与えられるべきでしょう。

そこで私たちは、利用者や従業者に実質的に決定権がある協同組合の発展を支援するために、現在法制化されていない労働者協同組合の法制化を実現するとともに、分野ごとに細分化されている協同組合法規を、基本法のもとに一体化することを目指します。一般の企業に関しては、ドイツの経営評議会などをモデルにして、労働者の経営参加を制度化します。

【ベーシックインカム導入】

さらに私たちは、ベーシックインカムの導入によって貧困を根絶します。ベーシックインカムとは、個人1人あたり数万円の基礎所得を、全てのひとびとに、無条件に給付するものです。今の日本では、企業をクビになったり事業が失敗したりすれば、どん底の生活が待っています。しかし、ベーシックインカムがあれば、誰もが自分の道に「何度でも（！）」チャレンジできるようになります。これがあれば、労働者は勝手気ままで強権的な経営者や上司に職場で苦しめられたとしても、これまでよりも退職するという判断ができやすくなります。そのため、企業もよい人材を十分に確保しようとすれば、労働者を心身ともに酷使することはできなくなります。私たちのゼロ失業政策や時短政策と合わせると、ブラック企業は根絶されます。

日本の現実では、生活保護は正しく機能していません。行政の担当者のさじ加減で、多くの貧困な人々が不当に排除され、受給者の人々は常に「不正受給」を疑われてプライバシーや人権を侵害されています。それに対して、ベーシックインカムは、お役人の恣意的な判断の余地はありません。みんなに公平かつ明瞭に与えられる社会保障の典型です。

ベーシックインカムによってひとびとが働かなくなる、というのは本当でしょうか。実は、カナダやアメリカ、アフリカ等で実施された、無条件のベーシックインカムやフリーマネーの実験の結果によれば、人々は自分の能力に投資し、事業を行い、経済的な成功を収めるようになっています。

まず手始めに、私たちは政権についてすぐに、「デフレ脱却手当」をすべての日本在住者に、老若男女に一切関わらず、毎月1万円ずつ配ります。これは、デフレ脱却が確実になるまでの間、日銀の量的緩和マネーをゼロ金利で政府が借り入れることで資金をまかなうものです。物価上昇率が高まるとともに縮小して、物価安定目標が達成されると停止します。

ベーシックインカムの財源は、生活保護や子ども手当、年金の基礎的部分など、特定の人々に与えられるベーシックインカムに類似した給付制度や、所得税の基礎控除などを見直すことでまかないます。

これがベーシックインカムの一階部分になり、この上に、量的緩和マネーによる「デフレ脱却手当」が景気の状態で変動する二階部分として乗る構造になります。一階部分のベーシックインカムは、現実の景気によって変動するのではなく、最低賃金同様、物価安定目標の物価上昇率プラス一定率で、定率で引き上げます。

この前段階として、高齢者などの年金の一律の基礎的部分（国民年金相当部分）は、一般会計で支出するものに改め、社会保険制度を組み替えます。そしてこの部分をベーシックインカムに統合していきます。

【インフラ公共事業は必要なものだけしっかりと】

ところで、古い自民党の悪いところの象徴みたいに言われてきたのが、インフラ建設の公共事業でした。たしかに、力の強い政治家が胸三寸で予算をつけて、そこに利権が群がり、どれだけ公費を垂れ流しても無駄に終わっても、責任は問われません。これで膨らんだ財政赤字のつけを庶民にまわされてはたまりません。安倍内閣は基本的には緊縮財政でしたが、たまに景気対策の財政拡大を打つと、やはりハコモノ公共事業が中心でした。

これから少子高齢化が進むと、長い目で見るとやがて人手不足の時代になり、介護などの人手をどう確保するのかが課題になります。必要性の低いハコモノ公共事業に労働を割いている余裕はなくなります。それゆえ私たちは、大阪万博やカジノ建設などの計画は中止します（少なくとも、国庫から大阪府市への補助は打ち切ります）。とりわけカジノは、その事業自体、必要性が疑わしいもののために貴重な労働を割くことになります。

しかし私たちは、小泉政権以降、長年にわたってあらゆる公共事業を削減し続けたのは行き過ぎだったと思います。このために、業者の廃業が続き、建設業に就職する若者が少なくなっています。今後、高度成長期に作ったインフラが、耐用年数がすぎて更新が必要になってくるのに、同じものを作る技術が継承されていない問題が指摘されています。

そこで私たちは、インフラ建設公共事業は、環境や景観への配慮を要件としつつ、更新投資を中心に必要なものを厳選し、どんな地方でも常に仕事が持続するように長期計画を策定します。そして若者が安心してこうした仕事に就職して、しっかりと技術が伝承されるようにします。さらに、保育所、介護施設、医療機関など、ひとびとの命と暮らしに直結するインフラに政府支出を振り向けます。また、地方における防災等の公共事業を充実させます。若者が安心して住める、格安の家賃の公営住宅の建設も進めます。

（5）教育・保育の無償化、介護、医療の充実など

（この項目は、社会保障、教育政策などのマニフェストの中に取り入れてください。）

【25】〈奨学金債務を軽減・解消〉

政府はゼロ金利で資金調達できるのに、元奨学生から金利をとるべきではありません。私たちは政権について一ヶ月以内に、有利子奨学金の原資の借り換えを行い、金利をゼロにします。次いで、新規の奨学金をすべて給付型にするとともに、既存の奨学金債務を軽減・解消していきます。

【26】〈保育・教育を無償化〉

保育料、授業料を無料化し、保育園から大学まで無料で通えるようにします。

【27】〈介護、保育、看護などの賃金大幅引き上げ〉

介護、保育、看護などの賃金の大幅引き上げを実施します。介護士・保育士の賃金は少なくとも警察官・消防士なみにします。彼らの労働条件を大幅に改善し、人員を倍増します。

［28］〈待機児童ゼロ、介護離職ゼロを実現します〉

待機児童ゼロ、介護離職ゼロを実現します。

【いのちを受け継ぎふくらます政策を】

日本は命が十分に生み育てられない国です。2017年の合計特殊出生率はわずか1・43であり、世界で最も低い部類です。それには「生きづらい」「産みづらい」「育てづらい」日本の現状が大きく影を落としています。

その第1の理由が、産児休暇・育児休暇の取りにくさです。第2の理由が、保育や教育の負担の大きさと、施設の不足です。そして第3の理由が重い教育費負担です。

私たちはまず、子どもを授かった夫婦や単身の男女が、子どもを産み育てて職場に復帰できるよう、産児休暇・育児休暇の制度を整え、その実効性を担保します。また、保育施設や教育施設を拡充するとともに、授業料を無料化し、保育園から大学まで無料で通えるようにすることを約束します。特に保育施設に関しては、労働負担の大きい現場だということが理解されず、平均的な賃金の3分の2程度の低賃金で職員たちが働いています。私たちはこれを、警察官や消防士並みの給与に引き上げるとともに、労働条件を改善し、人員の確保を図ります。

また、現在は大学で学び終えた若者たちも、「奨学金」と呼ばれる多額の教育ローン負債を背負って社会に出ていっているのが実情です。政府はゼロ金利で資金調達できるのに、元奨学生から金利をとるべきではありません。私たちは政権について一ヶ月以内に、有利子奨学金の原資の借り換えを行い、金利をゼロにします。次いで、新規の奨学金をすべて給付型にするとともに、既存の就学金債務を軽減・解消していきます。

子育て・育児を終え、子どもたちも手を離れて、職場に復帰した働き盛りの人々を待っているのが、高齢のご両親の介護問題です。私たちは、介護職員の賃金や労働条件も警察官や消防士なみに改善し、施設を拡充することによって、介護離職ゼロを実現します。

あとがき

　この出版企画は、「ひとびとの経済政策研究会」が作成した「反緊縮経済政策マニフェスト２０１７」に、青灯社の辻一三さんがご着目くださり、出版をもちかけてくださったことから始まりました。しかしマニフェスト自体は、多少手直ししていますし、なぜこのようなものが必要なのかという背景説明がないとよくわからないものです。経済的な前提知識のようなものもあったほうがいいです。

　というわけで、昨年２０１８年と今年２０１９年に行われた実際の講演の文字起こしをもとにして、架空講演を作り、前半に置くことにしました。この中の質問は、実際にいただいたご質問とそのお答えのほかに、「薔薇マークキャンペーン」のサイト内においた「ひとびとの経済政策研究会」作成の「反緊縮経済政策Ｑ＆Ａ」の内容から、重要なところをいくつかひろって練り直して再構成しています。

　このかん、全国各地から講演のご依頼を受け、たいへんありがたく思っています。お世話になりましたみなさん、ご質問、ご意見をいただいたみなさんのおかげで、この架空講演録ができています。深く感謝いたします。特に『週刊金曜日』さんには、講演の音声データをご提供いただきまして、誠にありがとうございました。

後半の「反緊縮経済政策マニフェスト」は、主に関西学院大学朴勝俊教授と私が執筆し、長浜バイオ大学西郷甲矢人准教授ら「ひとびとの経済政策研究会」のメンバーの間で協議修正を経てできたものです。またこれを２０１９年版にするにあたっては、「薔薇マークキャンペーン」の事務局スタッフの意見を受けて手直ししています。公表後も何人かのかたからご意見をいただきありがたく思っています。一部内容を使った「反緊縮経済政策Q&A」も朴勝俊教授との共同執筆で、西郷甲矢人准教授や「薔薇マークキャンペーン」の事務局スタッフの協力でできています。すべてのご協力いただいたかたがたに記して感謝します。

最後にこの企画を三月終わりにお持ち込みになって、七月の参議院選挙の政策確定に間に合うよう突貫で仕上げた辻一三さんの力量に感謝します。

２０１９年5月26日　松尾 匡

松尾　匡（まつお・ただす）立命館大学経済学部教授。専門は理論経済学。1964年、石川県生まれ。神戸大学大学院経済学研究科博士課程修了。論文「商人道！」で第3回河上肇賞奨励賞を受賞。著書『この経済政策が民主主義を救う』（大月書店）、『ケインズの逆襲、ハイエクの慧眼』（PHP新書）、『新しい左翼入門』（講談社現代新書）、『「反緊縮！」宣言』（編著、亜紀書房）、『そろそろ左派は〈経済〉を語ろう』（共著、亜紀書房）ほか。「ひとびとの経済政策研究会」代表。

左派・リベラル派が勝つための
経済政策作戦会議

2019年6月20日　第1刷発行

著　者　松尾　匡
　　　　「ひとびとの経済政策研究会」

発行者　辻　一三

発行所　株式会社青灯社
東京都新宿区新宿1-4-13
郵便番号160-0022
電話03-5368-6923（編集）
　　03-5368-6550（販売）
URL http://www.seitosha-p.co.jp
振替　00120-8-260856

印刷・製本　モリモト印刷株式会社

Printed in Japan
ISBN978-4-86228-107-4 C0033

小社ロゴは、田中恭吉「ろうそく」（和歌山県立近代美術館所蔵）をもとに、菊地信義氏が作成